AF186435

Tucholsky   Wagner   Zola   Scott   Sydow   Freud   Schlegel
Turgenev   Wallace   Fonatne

Twain   Walther von der Vogelweide   Fouqué   Friedrich II. von Preußen
Weber   Freiligrath

Weiße Rose   von Fallersleben   Kant   Ernst   Frey
Fechner   Fichte   Richthofen   Frommel

Hölderlin
Engels   Fielding   Eichendorff   Tacitus   Dumas
Fehrs   Faber   Flaubert

Maximilian I. von Habsburg   Fock   Eliasberg   Ebner Eschenbach
Feuerbach   Eliot   Zweig

Ewald   Vergil

Goethe   Elisabeth von Österreich   London

Mendelssohn   Balzac   Shakespeare
Trackl   Lichtenberg   Rathenau   Dostojewski   Ganghofer
Stevenson   Doyle   Gjellerup

Mommsen   Tolstoi   Hambruch
Thoma   Lenz   Hanrieder   Droste-Hülshoff

Dach   Verne   von Arnim   Hägele   Hauff   Humboldt
Reuter
Karrillon   Rousseau   Hagen   Hauptmann   Gautier
Garschin

Damaschke   Defoe   Hebbel   Baudelaire
Descartes

Hegel   Kussmaul   Herder
Wolfram von Eschenbach   Dickens   Schopenhauer
Darwin   Melville   Rilke   George
Bronner   Grimm   Jerome
Campe   Horváth   Aristoteles   Bebel   Proust

Bismarck   Vigny   Voltaire   Federer   Herodot
Gengenbach   Barlach   Heine

Storm   Casanova   Tersteegen   Grillparzer   Georgy
Chamberlain   Lessing   Langbein   Gilm
Brentano   Gryphius
Strachwitz   Claudius   Schiller   Lafontaine
Bellamy   Schilling   Kralik   Iffland   Sokrates
Katharina II. von Rußland   Gerstäcker   Raabe   Gibbon   Tschechow

Löns   Hesse   Hoffmann   Gogol   Wilde   Vulpius
Luther   Heym   Hofmannsthal   Gleim
Klee   Hölty   Morgenstern   Goedicke
Roth   Heyse   Klopstock   Kleist
Luxemburg   Puschkin   Homer   Mörike   Musil
La Roche   Horaz
Machiavelli   Kierkegaard   Kraft   Kraus
Navarra   Aurel   Musset   Moltke
Nestroy   Marie de France   Lamprecht   Kind   Kirchhoff   Hugo

Laotse   Ipsen   Liebknecht
Nietzsche   Nansen
Marx   Lassalle   Gorki   Ringelnatz
von Ossietzky   Klett   Leibniz
May   vom Stein   Lawrence   Irving
Petalozzi
Platon   Knigge
Sachs   Pückler   Poe   Michelangelo   Kock   Kafka
Liebermann
de Sade   Praetorius   Mistral   Zetkin

Briefe

Gottfried Keller

Impressum

Autor: Gottfried Keller
Umschlagkonzept: toepferschumann, Berlin

Verlag: tredition GmbH, Hamburg
ISBN: 978-3-8424-9116-8
Printed in Germany

Ziel der TREDITION CLASSICS ist es, tausende deutsch- und
fremdsprachige Klassiker wieder in Buchform verfügbar zu
machen. Die Werke wurden eingescannt und digitalisiert. Dadurch
können etwaige Fehler nicht komplett ausgeschlossen werden.
Unsere Kooperationspartner und wir von tredition versuchen, die
Werke bestmöglich zu bearbeiten. Sollten Sie trotzdem einen Fehler
finden, bitten wir diesen zu entschuldigen. Die Rechtschreibung der
Originalausgabe wurde unverändert übernommen. Daher können
sich hinsichtlich der Schreibweise Widersprüche zu der heutigen
Rechtschreibung ergeben.

München 1840-1842

An die Mutter

München, den 18. Mai 1840.

Liebe Mutter!

Endlich bin ich angekommen in dem gelobten Lande. Nachdem ich den Paß erhalten hatte, führte mich Müller in einer Chaise nach Konstanz, wo ich aber wegen neuer Unannehmlichkeiten mit dem Gepäck vier Tage warten mußte. Sonntags vor acht Tagen fuhren wir endlich, Steffen und ich, mit dem Dampfschiff nach Lindau oder wollten vielmehr nur; denn in Rorschach zerbrach die Maschine, und wir mußten dort wieder übernachten; indessen lud uns ein katholischer Kaplan zum Essen ein. Von Lindau aus fuhren wir mit einer Retourkutsche für neun Gulden bis nach München, mußten aber mehr übernachten als mit der Post, so dass es am Ende beinahe gleich herauskam, nur dass ich für die Effekten nichts zahlen mußte. So bin ich denn hier angekommen und, nachdem ich drei Tage im Gasthof logierte, im nämlichen Zimmer, welches Müller bewohnte, einquartiert.

Es ist mitten in der Stadt und ganz bequem mit Sofa, gutem Bett, Kommode und zwei Tischen; die Stühle sind gepolstert; dennoch kostet es nur vier Gulden Zürichgeld, wobei mir noch die Stiefel und Kleider geputzt werden. Steffen hat ein kleines Dachstübchen in einer abgelegenen Gegend für den gleichen Preis, die meisten Zimmer kosten sonst sechs, sieben bis acht Gulden monatlich ... Ich befinde mich sehr wohl hier. Man kann über die Straße gehen, ohne dass man von allen Seiten begafft und für stolz ausgeschrieen wird. Kein Mensch achtet auf den andern; alles geht bunt durcheinander. Kommt man aber mit den Leuten in Berührung, so sind sie höflich und gefällig, nur die Weibsbilder von der bürgerlichen Klasse sind ungemein roh. Sie fluchen und schimpfen wie bei uns die Stallknechte und sitzen alle Abend in der Kneipe und saufen Bier. Sogar die nobelsten Damen gehen ins Kaffeehaus und trinken da - nicht Kaffee, sondern so zum Spaß eine Maß Bier bis zwei ...

Die Reise und alle Ausgaben (ich mußte Staffelei, Leinwand, Farben usf. kaufen) haben mich mehr gekostet, als ich glaubte, z. B.

mußte ich für die Aufenthaltskarte einen halben Gulden bezahlen, einen Gulden ins Krankenhaus für ein halbes Jahr, und so noch vieles; die Reisenden werden fürchterlich ausgesogen allenthalben. Jetzt habe ich mich aber eingerichtet und werde von nun an Hausen. Ich nehme gar nichts zu mir bis zum Mittagessen, obgleich ich im Anfang manchmal noch Hunger bekomme. Dann gehe ich ins Speisehaus und bekomme für sieben Kreuzer (etwa 4½ Schillinge) Suppe, Fleisch und Gemüse, nach Verlangen zugerichtet; mit Bier kostet es zehn Kreuzer. Manchmal esse ich zu Nacht und manchmal nicht. Ich bin schon mit vielen Künstlern bekannt geworden und habe gesehen, daß selbst die mittelmäßigen sich gut durchbringen ... - Ich grüße Regula tausendmal und verbleibe Euer Sohn und Bruder

Gottfried Keller.

Gott sei mit Euch! - Laß doch meine Briefe nicht so herumliegen, wie gewöhnlich! Was das Geld betrifft, so mache, daß Du es bald schickst, oder sonst einrichtest, denn in zwei Wochen gehe ich aufs Land, und da möchte ich es vorher gesichert wissen. Es tut mir leid, daß Du so viel Mühe hast.

An die Mutter

München, den 19. Oktober 1840.

Liebe Mutter!

Daß Ihr zu Hause mich für fähig gehalten habt, eine Krankheit zu erlügen, um Geld zu erhalten, war mir eben keine große Erquickung, da ich eben damals, als ich den Brief erhielt, kaum noch auf den Beinen stehen konnte. Ich lag vier ganze Wochen im Bett und bekam nichts als Fleischbrühe und Wasser zu saufen, so daß Dein Traum ziemlich erfüllt war; denn ich war so abgemagert und schwach, als ich wieder ausgehen konnte, daß ich vor mir selbst erschrak, als ich in den Spiegel schaute. - Doch werde ich in Zukunft nichts mehr von dergleichen Sachen schreiben, es mag mir gehen, wie es will, da man zu allem Elend noch glaubt, ich lüge. Was das viele Geldbrauchen betrifft, so weiß ich am besten, für was ich es ausgebe; auf jeden Fall nicht fürs Lumpen. Auch gehe ich nicht mit Lumpen, sondern einzig und allein mit Hegi von Zürich, welcher mein bester Freund hier ist, und wir sitzen meistens ganz allein beieinander. Du wirst Dich wahrscheinlich wundern, daß die letzten vier Louisdor bereits wieder gebraucht sind, wenn Du nicht bedenkst, daß ich dem Doktor 16 Gulden, dem Apotheker 8 Gulden, der Magd, welche alle Nächte bei mir gewacht und mich sonst gut gepflegt hat, einen Taler und obendrein den Mietzins bezahlen mußte. Dazu mußte ich, als ich wieder essen und ausgehen durfte, feinere und kräftigere Speisen nehmen und eine Zeit lang Rheinwein trinken, um wieder zu Kräften zu kommen. Auch schaffte ich mir ein Flanellleibchen, Unterhosen und Überschuhe an, weil das Wetter hier immer naß und kalt ist und ich mich vorzüglich auf den Winter warm halten muß. Du wirst mir vielleicht indessen auch wieder nicht glauben, daß der Doktor an meinem Aufkommen gezweifelt hat. Du wirst aus allem also einsehen, daß ich das übrige Geld noch brauche; weil ich wenigstens zwei Monat Zeit haben muß, um etwas zu machen, das ich verkaufen kann. Nachher trage keine Sorge mehr für mich! Was Deine Meinung im vorletzten Briefe betrifft, daß ich nämlich wieder nach Haus kommen sollte, so traust Du mir da nicht viel Charakter zu. Die Leute würden ein schönes Gelächter haben. Ich habe einmal meine Bahn angetreten und werde sie auch vollenden, und müßte ich Katzen fressen in München. Fischer ist schon über zwei Wochen hier. Wir müssen nächstens Holz kaufen, denn es ist abscheulich kalt; und was mich betrifft, so muß ich den ganzen Tag essen, so ausgehungert bin ich durch die Krankheit worden.

Grüße alle!

Dein Sohn
Gottfried Keller.

An die Mutter

München, den 9. September 1841.

Liebe Mutter!

Ich melde Dir hiermit den Empfang des Geldes sowohl, als Deines werten Briefes, und muß Dir gestehn, daß ich das Paket nur mit Angst eröffnete, weil ich wußte, daß nur durch liebevolle Aufopferung und Entbehrung von Deiner Seite die Sendung dieses Geldes möglich geworden war. Desto unerwarteter und befremdender mußten mich Deine Berichte von Herrn Vogel und Frau Schinz berühren, und wirklich sind solche Aussprüche von Leuten, die sonst mehr Kenntnis besitzen, hart zu verdauen. Daß Hr. Vogel ungern in die Sache einging, sie sogar ablehnte, mag daher kommen, daß Du zu ihm gegangen bist, ohne daß er etwas von mir gesehen hat. Er urteilte halt nur nach Steiger etc. und vermutet wahrscheinlich in mir einen der gewöhnlichen Koloristenlehrjungen, welche derselbe sonst zu halten pflegt. Daß er sich meiner nicht erinnerte, ist merkwürdig, indem er mich doch durch Kaspar Rordorf in seinem letzten Briefe grüßen ließ. Die Gründe und Ansichten des Herrn Vogel, das schwere Auskommen, die nötigen Talente usw. betreffend sind mir ebenso oft schon von Anfang an von allen Leuten vorgeleiert worden und werden jedem jungen Menschen gesagt, daß es eigentlich gar keine Künstler mehr gäbe, wenn jeder darauf horchen wollte. Es ist nur die Frage, welche auch Du mir stellst und welche ich deswegen jetzt frisch wieder reiflich überdenke, ob ich wirklich zum Maler geschaffen sei und die nötigen Talente habe oder nicht. Hier muß ich nun bemerken, daß mir von allen Leuten, Kennern und Nichtkennern, weder in Zürich noch hier gesagt worden ist, ich tauge nichts dazu. Frau Dekan Schinz selbst hat mich nur immer aufgemuntert und gelobt, wenn ich zu ihr kam; und worauf sie nun ihren jetzigen Ausspruch gründet, ist mir nicht recht klar. Wenn man in Zürich nun sagt, ich werde nichts, so kann ich wiederum die Stimme meiner jetzigen Umgebung, die eben nicht aus Mistfinken besteht, auch nicht verachten, und welche mich nur aufmuntert. Wenn ich nun meinen Eifer und die einzige Neigung zur Landschaftsmalerei dazu rechne, welche ich immer gehegt, und daß ich mir gar keinen Beruf denken kann, bei dem ich mich besser finden würde, so denke ich, die Frage ist nicht schwer zu entscheiden. Daß Herr Vogel sagt, er könnte mit seinem Verdienst seine Familie nicht ernähren, benimmt mir eben das Zutrauen an seine anderen Aussagen; denn, wenn er wollte, so konnte er sechs Familien, wie seine, ernähren. Daß er sich nicht nach anderen Leuten zu richten braucht und seine Gemälde selbst zu behalten vermag, ist kein Grund zu seinen Ansichten.

Dem sei nun, wie es will, ich werd in den nächsten Wochen zwei entworfene und leicht gemalte Landschaften heimschicken und dem Ausspruche unterwerfen; Herrn Vogel werde ich natürlich seinem Wunsche gemäß nicht schreiben; wenn Du meinst, er werde einige Augenblicke zum Ansehen der Bilder verwenden, so kannst Du ihn ja dazu noch bitten. Hingegen werde ich einen Brief an Herrn Ulrich mitschicken und ihn bitten, die Sachen anzusehen.

Indessen würde ich mich, selbst in dem Falle, daß man mir Talent nicht abspräche, nicht besinnen, etwas anderes zu ergreifen, wenn sich Gelegenheit zu einer schicklichen Stelle finden würde. Daß ich kein eigentliches Handwerk mehr erlernen könnte, oder etwa in einer Handlung als Postbub einstehen würde, wirst Du selbst begreifen; und es möchte daher schwer sein, irgend einen ordentlichen Platz zu kriegen, wo ich nicht zu lang umsonst schaffen müßte. Hätte ich Vermögen oder Unterstützung, so würde ich vielleicht nicht ungern die Rechte studieren; aber so wird es am besten sein, ich bleibe bei meinem Leisten, und werde in diesem Entschluß durch das Beispiel von tausend andern bestärkt, die nur durch Not und Erfahrungen aller Art auf einen grünen Zweig gekommen sind. Diese Beispiele sind etwa nicht aus alten Zeiten und Geschichten, sondern sie bewähren sich noch täglich. Daß ich einstweilen nicht zu kolorieren vermag, habe ich folgende Gründe: erstens will ich es so lange vermeiden, solange noch irgend ein anderer Ausweg ist; denn es ist doch gewiß besser, wenn man sich durch ein momentanes Opfer in kürzerer Zeit eine gute Existenz verschaffen kann, als durch solche langweilige Hülfsmittel sich Jahre lang durchzuschleppen. Denn während ich koloriere, lerne ich nicht nur nichts, sondern vergesse noch das Gelernte. Zweitens gibt es hier nicht so hübsche Kolorierarbeit, wie in der Schweiz, sondern nur Sachen, die jede Jungfer machen kann, und werden meistens auch nur von Jungfern gemacht. Fischer hat nun genug zu kolorieren, aber er denkt nicht weiter. Er hat auch Spinner und Kündig hieher zitiert, welche auch zu tun haben werden. Allein ich mag nun einmal nicht, denn ich bin zu gewiß, daß ich in weniger Zeit der Entsagung mehr verdienen kann, als diese Schmierhänse. Ich kenne hier zu Dutzenden junge Künstler von drei-, vier- bis fünfundzwanzig Jahren, welche alle im Anfang die gleiche Geschichte und Not hatten, wie ich, und die nun sehr gut stehen. Wir wollen es also einstweilen getrost darauf ankommen lassen; denn, wenn mir etwas anderes bestimmt wäre, so wären gewiß meine Gedanken etwa schon darauf gefallen, und ich habe bis jetzt keine Ursache, an der Vorsehung zu zweifeln.

Der Frau Dekan Schinz wirst Du schon das Nötige für mich sagen zur Danksagung; es ist mir nicht sehr lieb, etwas von Leuten annehmen zu müssen, welche doch glauben, es sei schlecht angewendet. Was meinen neuen Rock betrifft, so war derselbe schon notwendig; denn der andere war nur ein ganz geringer grüner Rock und wurde nun fast ein Jahr lang alle Tage, Sonn- und Werktag, getragen. Jedoch ist er noch gut, nur konnte ich ihn nicht mehr brauchen am Sonntag oder bei sonstigen Anlässen, denn ich gehe mit ordentlichen und gut gekleideten Leuten und kann einmal nicht den Kniffer spielen ... Herr Vogel mag wohl sechs Jahre lang in einem abgeschabten Rock umhergegangen sein. Es war wahrscheinlich unter den damaligen Künstlern so Mode. Hier geht es einmal nicht; denn München ist noch ziemlich kleinstädtisch, wo man auf dergleichen Sachen so gut sieht, wie in Zürich ...

Einstweilen kann ich nur in wenigen Worten für Deine Güte danken; jedoch versteht sich's, daß Du, im Falle Du meinem Plane entsprechen wirst, die vier Louisdor sogleich an dem Gelde, so Du für mich borgst, abziehen wirst, damit Du in Deiner häuslichen Rechnung nicht zu kurz kömmst; denn meine Sache muß getrennt sein von Euren Angelegenheiten, damit ich später alles richtig wieder in Ordnung bringen kann. - Bis dahin muß ich Dich nur wieder bitten, die Sache nicht so schwer aufzunehmen: die Not ist gar nicht so groß, und wenn ich denken muß, daß Du meinetwegen immer in Sorgen seist, so verbittert und verleidet mir dies alle Arbeit. Tausend Grüße an alle.

Dein Sohn.

An die Mutter

München, den 10. Juni 1842.

Liebe Mutter!

Am 11. Mai habe ich mein Bild, welches ich für die Zürcher Ausstellung bestimmt habe, der Fuhre übergeben; der Fuhrmann sagte mir, daß es in zwölf oder dreizehn Tagen nach Zürich kommen werde; ich glaubte also, das Bild sei schon längst dort, und wunderte mich, daß ich noch keine Nachricht von niemandem darüber erhielt. Heute bekommen Hegi und ich einen Brief von einem Freunde, namens Tschudi, welcher in Zürich studiert und mir schreibt, daß er mein Bild vergebens auf der Ausstellung gesucht habe, und daß es gar nicht dort sei. Ich weiß also gar nicht, warum es nicht angekommen oder auf der Reise stecken geblieben sei, oder was sonst damit passiert ist; ich bin daher sehr besorgt, indem nicht nur die Arbeit von zwei Monaten, sondern auch ein Rahmen, der mich 22 Gulden kostet, damit verloren ginge, wenn es zum Teufel wäre. Auf jeden Fall ist es mein Nachteil; denn wenn es auch endlich noch ankommt, so wird es zu spät zum Verkaufe sein; es würde mit den andern Sachen nach Bern kommen, wo mich niemand kennt und wahrscheinlich niemand empfehlen könnte. Sei so gut und schreibe mir doch sogleich, ob es noch nicht da ist, wenn mein Brief ankommt, und frage bei der Künstlergesellschaft nach, denn es ist auch in dieser Hinsicht ärgerlich, weil die Herren meinen könnten, ich wolle sie zum besten haben, wenn ich schreibe, daß ich etwas schicken wolle, sie es in den Katalog setzen, und dann nichts kommt. Meine Schuld ist es nicht ...

Ich grüße Euch alle tausendmal.

Dein treuer Sohn
G. Keller.

An die Mutter

Frauenfeld,
den 21. November 1842.

Liebe Mutter!

Endlich bin ich bis Frauenfeld gelangt, wo ich mich schon einen Tag aufhalte. Die 30 Gulden hatte ich in München richtig erhalten mit dem gehörigsten Danke; da ich aber damals noch nicht ganz zur Reise bereit war, so verzögerte sich dieselbe noch um acht Tage, wo denn ein Teil des Geldes wieder darauf ging, besonders, da ich allerlei kleine Schulden zahlte. Hegi half mir noch mit zwei Louisdor aus, und ich schob endlich ab; ich machte aber einen schlechten Reiseplan, indem ich, um wohlfeiler zu fahren, eine Retourgelegenheit nahm, die mich bis Kempten führte; dort aber fand sich keine weitere Gelegenheit, ich mußte einen Tag liegen bleiben und endlich einen Kutscher teuer bezahlen, um nur fortzukommen. So kam es, daß ich, als ich nach Konstanz kam, wieder auf dem Hund war. Ich schrieb Müller in Frauenfeld; er holte mich sogleich samt meiner

Bagage mit einer Chaise ab und hat mich nun bei sich einquartiert. Obgleich ich mich sehr nach Euch sehne, da ich einmal so nahe bin, so will er mich doch nicht fortlassen, und ich muß schon noch ein paar Tage bleiben.

Du wirst wahrscheinlich von meinen Hausleuten in München einen Brief empfangen haben wegen 47 Gulden, die ich ihnen noch schuldig bin. Du mußt Dich das nicht anfechten lassen, denn es geht nur mich an, und die Leute werden bezahlt, wenn es mir besser geht, bis dahin müssen sie warten, wie andere Sterbliche auch. Ich werde überhaupt mündlich mit Dir über diese Sache sprechen. Nur schreibe ich dies, damit Du Dich etwa durch solche Sturmbriefe nicht erschrecken lassest; besonders schicke durchaus etwa kein Geld hin!

Mein Bild habe ich den letzten Tag vor meiner Abreise noch erhalten, aber in welchem Zustande! Der Rahmen ganz ruiniert. Es war lumpenmäßig eingepackt; es nimmt mich nur Wunder, daß sich die hochmütigen und vornehmen Herrn Kunstgönner in der Schweiz nicht schämen, einen jungen Kerl und armen Teufel so um seine Sache zu bringen. Doch mag ich mich jetzt nicht länger bei diesen Lumpereien aufhalten. - Nur noch etwas.

Es hat mir in Lindau, als ich ins Dampfschiff ging und fand, daß ich nicht mehr genug Geld hatte, ein Handlungsreisender, der mich näher gar nicht kannte, Geld angeboten, soviel ich wollte; ich nahm aber nur 3 Gulden, soviel ich bis Konstanz brauchte. Er sagte, er werde etwa in acht Tagen auch über Zürich kommen, wo er mir's vom ›Storchen‹ aus, wo er immer logiert, sagen lassen wolle. Wenn ich also in dieser Zeit etwa noch nicht dort bin, so sei doch so gut und schreibe ihm ein Billett, daß ich noch nicht angekommen sei, und wenn's möglich ist, so schick ihm die 3 Gulden! Er heißt Herr Altendorf aus Solingen. Doch muß ich enden, denn die Chaise steht vor dem Hause; Müller will mit mir ausfahren in Geschäften. Er ist sehr gut eingerichtet und führt ein beschauliches Leben. Ich lasse einstweilen alle meine Bekannten, Spinner besonders, grüßen ...

Unterdessen grüßt Euch tausendmal Euer Sohn und Bruder, sowie auch alle im Hause.

G. Keller.

Zürich 1843-1847

An Rudolf Leemann

Landsmann Kellers, Maler, mit dem der Dichter in München häufig zusammen war.

Zürich, den 16. September 1845.

Mein liebster Leemann!

Mit großer Überraschung und noch größerem Vergnügen erhielt ich Deinen Brief vom 2. Juli, und mein Erstes in der Beantwortung desselben sei die Versicherung, daß ich seit meinem Aufenthalt in der Schweiz vielleicht wöchentlich, ja täglich an Dich gedacht, und oft mit andern von Dir gesprochen habe. Dieses ist seit einiger Zeit um so angenehmer für mich geworden, als ich vernehme, daß Dir ebenfalls ein besserer Stern in- und auswendig aufgegangen ist. Möge es der *Morgenstern* sein, der einer schändlichen Regennacht freundlich zu Grabe leuchtet. Du bist in Deinem schwarzen Habit und mit Deinen schwarzen Haaren die dunkle Gestalt, an die sich meine meisten Erinnerungen an eine graue, kummervolle Zeit knüpfen, an eine Zeit, wo ich Jugend und Leben beinah für verloren hielt, und ich darf Dir jetzt schon sagen, daß ich damals, in meinem Zimmer an der Schützenstraße, manchmal trostlos auf meinem Bette herumgekugelt bin. Ich muß hier dankbarst den Witz und den Leichtsinn hochleben lassen, die uns durch diese greulichen Drangsale hindurchhalfen. Ein guter Witz geht immer für ein Stück Brot, und ein leichter Sinn ersetzt manchen Becher Wein.

Mich und meine *Umsattlung* anbetreffend, ist die Geschichte kürzlich folgende: Als ich vor nun bald drei Jahren in Zürich ankam, hoffte ich so viel Geld auftreiben zu können, als nötig sei, um wieder nach München zurückzukehren und meine Studien mit besserem Erfolge fortzusetzen. Aber alle Kräfte waren erschöpft. Ich vegetierte den Winter hindurch ziemlich langweilig und elend. Im Frühling 1843 wachte mein Schöpfungstrieb wieder auf; da ich aber im Malen keinen Trost und Erfolg empfand, verfiel ich unwillkürlich und unbewußt aufs Versmachen und entdeckte höchst verwundert, daß ich *reimen* könne! Ich machte Gedichte die schwere Menge und faßte den Entschluß, sie herauszugeben, damals nur, um eine Summe zu erschwingen, um nach München zu kehren, wohin alle meine Gedanken noch gerichtet waren. Es war aber dummes und schlechtes Zeug, das ich machte, das längst beiseite geworfen ist. Einzelnes davon verschaffte mir aber Aufmunterung, bis ich zuletzt eine Sammlung besserer Sachen beisammen hatte, welche ich kompetenten und einflußreichen Personen mitteilte. Sie wurde hin und her beguckt und geworfen; endlich hieß es, ich sei ein ›Dichter‹, und von da an kam ich in ausgezeichnete ehrenvolle Gesellschaft, und begann literarische Studien. Das Malen ist nun an den Nagel gehängt, wenigstens als Beruf. Was von mir gedruckt wurde, erschien nur als Beitrag in Zeitschriften und Taschenbüchern, und die Hauptexpedition, die Herausgabe eines Buches, wird erst nächsten Frühling stattfinden. Daneben habe ich dramatische und andere Spukereien die Menge im Kopf, und, falls es nicht ein Strohfeuer gewesen ist, eine schöne Zukunft. Diese wird auch teilweise von der Gestaltung der politischen Dinge abhängen, denn Du mußt wissen, daß ich ein erzradikaler Poet bin und Freud und Leid mit meiner *Partei* und *meiner Zeit* teile.

Wenn wir beide also nun anfangen, den äußersten Zipfel eines *grünen Zweiges* zu erhaschen, so muß ich Dir mit Wehmut melden, daß ein Dritter aus unserer Bekanntschaft beinahe im völligen Zugrundegehen begriffen ist. Müller, der Architekt von Frauenfeld, hat sein Vermögen in kurzer Zeit durch ungeschickte Praktik und Leichtsinn verloren, mußte alles verkaufen, trieb sich in Basel und nachher in Wien herum und ist nun in den elendesten Umständen. Ich kann nichts tun für ihn, obgleich ich es ihm schuldig wäre, denn ich habe zurzeit noch über kein oder nur sehr wenig Geld zu verfügen; Gott helfe ihm empor; denn er ist noch jung. Wenn das Luder nur *selbst* Hand anlegen wollte!...

Mit Irminger und Ruff bin ich oft am Abend zusammen. Wir lachen und reißen so schlechte Witze, daß sich die Stiefel unter den Tischen schämen. Ruff ist just auf meinem Zimmer, raucht aus einer schmählichen Hundepfeife, die er aus dem Freischarenfeldzug (d.h. als eidgenössischer Soldat) zurückgebracht hat, und läßt Dich grüßen. Ich muß plötzlich abbrechen.

Lebe wohl und schreibe bald wieder einmal!

Dein Keller.

An Johann Salomon Hegi

Zürich, den 28. September 1845.

Lieber Hegi!

Zur Beruhigung meines Gewissens kann ich Dir sagen, daß ich im Begriffe war, Dir zu schreiben, und daß Dein Brief dies nur um zwei oder drei Tage beschleunigt hat. Ein sauberes Imbegriffsein! wirst Du denken, wenn noch zwei oder drei Tage Beschleunigung möglich sind. Es ist nun einmal so, und eher wird der Nordpol zum Südpol werden, ehe ich von meiner Natur und Art ablassen kann; Gott helfe mir! Du willst also nach Paris? Ich wünsche Dir Glück und glaube wirklich auch, es wird sich finden, denn in solchen Situationen halte ich die kühneren Entschlüsse für die klügeren. Deine Mutter ist wirklich ein Muster von Noblesse und gibt der meinigen nichts nach. Gottes Segen komme über alle solche Mütter, wenn auch die Söhne nichts taugen!...

Mich betreffend bin ich immer noch im alten Wogen und Treiben und Vegetieren und mein einziges Trachten ist, meinen ersten Band Gedichte zusammenzubringen, was mit *einem* Schlage alle meine Verhältnisse ändern wird. Alles Bisherige war nur sicher vorbereitend und ich werde mit jedem Tage strenger und einsichtiger gegen mich selbst, um nichts zu übereilen; denn es ist heutzutage notwendig, wenn man sich über den Kot erheben will...

Lebe wohl und bleibe mir unwandelbar gewogen, wie ich auch Dich über Stock und Stein im Herzen zu tragen hoffe.

Dein
G. Keller.

An Luise Rieter

Verehrteste Fräulein Rieter!

Erschrecken Sie nicht, daß ich Ihnen einen Brief schreibe, und sogar einen Liebesbrief, verzeihen Sie mir die unordentliche und unanständige Form desselben, denn ich bin gegenwärtig in einer solchen Verwirrung, daß ich unmöglich einen wohlgesetzten Brief machen kann, und ich muß schreiben, wie ich ungefähr sprechen würde.

Ich bin noch gar nichts, und muß erst werden, was ich werden will, und bin dazu ein unansehnlicher armer Bursche: also habe ich keine Berechtigung, mein Herz einer so schönen und ausgezeichneten jungen Dame anzutragen, wie Sie sind. Aber wenn ich einst denken müßte, daß Sie mir doch ernstlich gut gewesen wären, und ich hätte nichts gesagt, so wäre das ein sehr großes Unglück für mich, und ich könnte es nicht wohl ertragen. Ich bin es also mir selbst schuldig, daß ich diesem Zustande ein Ende mache; denn denken Sie einmal, diese ganze Woche bin ich wegen Ihnen in den Wirtshäusern herumgestrichen, weil es mir angst und bang ist, wenn ich allein bin.

Wollen Sie so gütig sein und mir mit zwei Worten, ehe Sie verreisen, in einem Billett sagen, ob Sie mir gut sind oder nicht? Nur damit ich etwas weiß; aber um Gotteswillen bedenken Sie sich nicht etwa, ob Sie es vielleicht *werden* könnten! Nein, wenn Sie mich nicht schon entschieden lieben, so sprechen Sie nur ein ganz fröhliches Nein aus, und machen Sie sich herzlich lustig über mich! Denn Ihnen nehme ich nichts übel, und es ist keine Schande für mich, daß ich Sie liebe, wie ich es tue. Ich kann Ihnen schon sagen, ich bin sehr leidenschaftlich zu dieser Zeit und weiß gar nicht, woher alle das Zeug, das mir durch den Kopf geht, in mich hineinkommt. Sie sind das allererste Mädchen, dem ich meine Liebe erkläre, obgleich mir schon mehrere eingeleuchtet haben; und wenn Sie mir nicht so freundlich begegnet wären, so hätte ich mir vielleicht auch nichts zu sagen getraut. Ich bin sehr gespannt auf Ihre Antwort. Ich müßte mich sehr über mich selbst verwundern, wenn ich über Nacht zu einer so holdseligen Geliebten gelangen würde. Aber genieren Sie sich ja nicht, mir ein recht rundes, grobes Nein in den Briefeinwurf zu tun, wenn Sie nichts für mich sein können; denn ich will mir nachher schon aus der Patsche helfen. Es ist mir in diesem Augenblick schon etwas leichter geworden, da ich direkt an Sie schreibe, und ich weiß, daß Sie in einigen Stunden dieses Papier in Ihren lieben Händen halten. Ich möchte Ihnen so viel Gutes und Schönes sagen, daß ich jetzt gleich ein ganzes Buch schreiben könnte; aber freilich, wenn ich vor Ihren Augen stehe, so werde ich wieder der alte unbeholfene Narr sein, und ich werde Ihnen nichts zu sagen wissen.

Soeben fällt es mir ein, daß man mir vorwerfen könnte: ich hätte wegen einiger scherzhaften Beziehungen und mir erwiesener Freundlichkeit nicht gleich an ein solches Verhältnis zu denken gebraucht; aber ich habe lange genug nichts gesagt und einen traurigen und müßigen Sommer verlebt, und ich muß endlich wieder in mich selbst zurückkehren. Wenn mich eine Sache ergreift, so gebe ich ihr mich ganz und rücksichtslos hin, und ich bin kein Freund von den neumodischen Halbheiten.

Aber ich muß schließen. Nochmals bitte ich Sie, verehrtes Fräulein, sich nicht an der Verworrenheit dieses Briefes zu stoßen: es ist gewiß nicht Mangel an Dezenz oder Respekt, sondern nur mein Gemütszustand. Im glücklichen Falle werde ich dann schon einen vernünftigen und klaren Brief schreiben, denn ich bin eigentlich sonst ganz vernünftig. Wollen Sie also die Güte haben, ein Zettelchen mit zwei Worten in den Briefeinwurf zu tun und das so bald als möglich; denn, wie gesagt, ohne sich im mindesten zu bedenken, wenn Sie ungewiß zu sein glauben; das Zukünftige wird sich dann schon geben. Leben Sie wohl, und grüßen Sie die verehrte Frau Professor Orelli von mir, und halten Sie einem armen Poeten etwas zugut!

Ihr ergebener
Hottingen, im Oktober 1847.
Gottfried Keller.

An Frau Orelli-Breitinger

Hottingen, den 21. Oktober 1847.

Verehrteste Frau!

Am letzten Samstag mißbrauchte ich Ihre Güte, der Fräulein Luise Rieter einen Brief zukommen zu lassen, dessen Inhalt Ihnen vielleicht bekannt ist, da Fräulein Rieter Sie in ihrer Antwort ihre mütterliche Freundin nennt ...

Sie fragen mich wohl, wie ich denn dazu gekommen sei, jenen freien und maßlosen Brief zu schreiben? Da ich in Ihrem Hause mir die Tölpelei habe zuschulden kommen lassen, so erlauben Sie mir gewiß noch einige Worte darüber, obwohl diese Zeilen sich schon nur zu sehr angehäuft haben; Sie können ja, wenn Sie dieselben gütig aufnehmen wollen, dazu beitragen, daß ich die unselige Leidenschaft mit Besonnenheit vergesse und begrabe, und dies liegt wenigstens in einem äußern Interesse Ihrer jungen Freundin. Wenn man mich hingegen nicht hören will und ich das letzte Wort unbarmherzig verschlucken muß, so bin ich noch auf Wochen hinaus zerstört und elend, und überdies sind mir alle Kreise, die im entferntesten an den Ihrigen grenzen, sogar die Schulzische Wohnung, verschlossen. Ich hatte die Nacht schlaflos zugebracht und befand mich am Morgen sogar körperlich unwohl, das Herz war mir fortwährend wie zugeschnürt und der Kopf heiß. Auch der demütigste Mensch glaubt und hofft innerlich immer mehr, als er auszusprechen wagt, und ich bin keiner von den demütigsten, vielmehr habe ich manchmal einen recht sündlichen Hochmut in mir zu bändigen. Ich erging mich an jenem Morgen in den glühendsten Hoffnungen, ich spann einen Roman um den andern aus, und mitten in meinem Rausche erinnerte ich mich gehört zu haben, daß sie heute abreisen und ich sie also auf lange Zeit, vielleicht für immer, aus den Augen verlieren würde. Eine tiefe Angst kam über mich und so entstand der Brief, während meine Gedanken bei ihr waren, schrieb meine Hand die ungeschliffenen Worte. Ich habe lange schon vorausgesehen, daß es mir einst so gehen würde, darum habe ich mich bei den zwei andern Mädchen, die ich in meinem Leben schon liebte, so gesträubt, etwas zu sagen, und es war mein gesunder Takt. Indessen ist der Schlag, der mich aus meinem Himmel warf, nur wohltätig für mich. Eine Menge Eitelkeiten und Oberflächlichkeiten habe ich in diesen bittern Tagen abgelegt und die Erschütterung hat mich aus einem heillosen Schlendrian herausgerissen. Es liegt etwas so unerklärlich Heiliges und Seliges in der Liebe, sie macht so nobel und lauter, daß in demjenigen, der fruchtlos und unglücklich liebt, etwas Unwahres und Unrechtes sein muß, sei es was es wolle, und dieses in mir aufzufinden, ist jetzt eine Beschäftigung für mich, die mich zugleich hebt und beunruhigt. Sie sehen, verehrte Frau, daß ich die Sache schon ziemlich objektiv ansehen kann und ich müßte lügen, wenn ich nicht sagte, daß ich mich bereits auf der Besserung befinde. Im schönen Mai erschien mir Luise Rieter, im Herbst entschwand sie mir für immer und ich kann wohl in jeder Beziehung und ohne alle Ausnahme sagen, daß es trotz allem Leid der schönste Sommer und der lieblichste Traum meines Lebens gewesen ist und ich hoffe, denselben recht lang in ruhiger Seele festzuhalten;

aber es wäre kindisch und unvernünftig von mir, im voraus zu behaupten, daß er sich niemals verwischen werde.

Genehmigen Sie, hochverehrte Frau! wenn Sie meine vertrauensvollen Worte nicht mit Ungeduld gelesen haben, die Versicherung meiner innigsten Dankbarkeit, in jedem Falle aber meiner tiefsten und wahrsten Ehrerbietung.

Ihr ergebenster
Gottf. K.

Heidelberg 1848-1850

An Eduard Dößekel

Heidelberg,
den 8. Februar 1849.

Lieber Dößekel!

Ich habe zwar die Schweiz und Euch Einwohner nicht vergessen, doch bin ich seit meinem Hiersein solchermaßen in eine neue Bahn geworfen worden, daß ich mich auch jetzt noch förmlich zusammenraffen muß, um endlich nur einigermaßen meine Pflicht gegen meine heimatlichen Freunde zu erfüllen; denn wer unerwartet auf einem neuen, aber noch nicht ganz sichern und bestimmten Wege wandelt, an dessen Ziele aber eine klare, heitere Aussicht zu hoffen ist: der schaut nur höchst ungern zurück und hat kaum Lust, seine frisch angeknüpften Fäden auch rückwärts zu reichen, seine neu empfangene Parole auch rückwärts zu rufen, ehe er weiß, wie sie dort aufgenommen werden, ehe er auch die ganze Geschichte und Entwicklung zugleich mitgeben kann. Ich hatte in Zürich so viel als versprochen, hier vorzüglich Geschichte zu treiben, und nun bin ich fast ausschließlich in die Philosophie hineingeraten.

Fast zufällig besuchte ich einmal Henles Vorlesung über Anthropologie; der klare, schöne Vortrag und die philosophische Auffassung fesselten mich, ich ging nun in alle Stunden und gewann zum ersten Mal ein deutliches Bild des physischen Menschen, ziemlich von der Höhe des jetzigen wissenschaftlichen Standpunktes. Besonders das Nervensystem behandelte Henle so geistreich und tief und anregend, daß die gewonnenen Einsichten die beste Grundlage oder vielmehr Einleitung zu dem philosophischen Treiben abgaben. Ein aufgeweckter junger Dozent, Dr. Hettner, auch vorzüglicher Literarhistoriker und Ästhetiker, las über Spinoza und die aus ihm hervorgegangene neue Philosophie bis auf heute. Endlich kam noch Ludwig Feuerbach nach Heidelberg und liest hier auf ergangene Einladung öffentlich über Religionsphilosophie. Bald kam ich persönlich mit Feuerbach zusammen, sein tüchtiges Wesen zog mich an, und machte mich unbefangener für seine Lehre und so wird es kommen, daß ich in gewissen Dingen verändert zurückkehren werde. Ich habe keine Lust, jetzt schon schriftlich eine Art von Rechenschaft abzulegen. Nur so viel: wenn es nicht töricht wäre, seinen geistigen Entwicklungsgang bereuen und nicht begreifen zu wollen, so würde ich tief beklagen, daß ich nicht schon vor Jahren auf ein geregelteres Denken und größere geistige Tätigkeit geführt und so vor vielem gedankenlosem Geschwätze bewahrt worden bin.

Für die poetische Tätigkeit aber glaube ich neue Aussichten und Grundlagen gewonnen zu haben, denn erst jetzt fange ich an, Natur und Mensch so recht zu packen und zu fühlen, und wenn Feuerbach weiter nichts getan hätte, als daß er uns von der Unpoesie der spekulativen Theologie und Philosophie erlöste, so wäre das schon ungeheuer viel. Übrigens bin ich noch mitten im Prozesse begriffen und fange bereits an, vieles für meine Individualität so auf meine Weise zu verarbeiten. Komisch ist es, daß ich kurz vor meiner Abreise aus der Schweiz noch über Feuerbach den Stab gebrochen hatte als ein oberflächlicher und unwissender Leser und Lümmel; so bin ich recht aus einem Saulus ein Paulus geworden. Indessen kann ich doch für die Zukunft noch nichts verschwören; es bleibt mir noch zu vieles durchzuarbeiten übrig; aber ich bin froh, endlich eine bestimmte und energische philosophische Anschauung zu haben. Nebenbei treibe ich noch Literaturgeschichte und arbeite an meinem unglückseligen Romane, welchen ich, da ich einen ganz andern Standpunkt und Abschluß meines bisherigen Lebens gewonnen habe, erst wieder zu zwei Dritteln umschmelzen muß. Wenn der Sommer schön wird in dieser schönen Landschaft, so werde ich ein Schauspiel darin schreiben, das mir durch den Kopf geht. Was nächsten Winter aus mir wird, kann ich noch nicht sagen, jedenfalls gehe ich nicht nach dem Orient; ich habe mehr Lust in Deutschland zu bleiben; denn, wenn die Deutschen immer noch Esel sind in ihrer Politik, so bekommen mir ihre literarischen Elemente um so besser.

Ich habe mehrere ganz angenehme Bekanntschaften gemacht hier, worunter auch Künstler, einige hübsche und gescheite Mädchen stehen für den nahenden Frühling zu poetischen Ausflügen in Aussicht. - Begnüge Dich einstweilen mit diesen paar ungeschlachten Brocken und berichte mir doch bald von Deiner Seite, denn ich habe einen wahren Heißhunger nach Briefen aus der Schweiz. Ich habe erst einen einzigen an meine Mutter geschickt, und zwei von ihr erhalten; sonst ist kein Sterbenswörtchen zwischen mir und dem Vaterlande gewechselt worden. Ich bin zum großen Ärger der Deutschen oft bei meinen jungen Landsleuten, den Schweizerstudenten; denn unser Nationalismus ist allen, den reaktionären wie den radikalen, ein Dorn im Auge. Ich werde aber diese sogenannte Borniertheit wohl lebenslänglich behalten; hier stehe ich auf eignen, festen Füßen und kann mir die Theorie selbst machen.

Ich erinnere mich oft mit großem Vergnügen an den Aufenthalt in Deiner reizenden Wohnung. Grüße doch höflichst von mir Deine werte Frau und küsse Deine Kinder...

So lebe gesund und wohl bis auf weiteres!

Dein
Gottfr. Keller.

An Mutter und Schwester

Heidelberg, d. 24. Juli 1849.

Liebe Mutter und Schwester!

Der inliegende Brief, welchen ich an seine Adresse zu besorgen bitte, veranlaßt mich, endlich wieder einige Zeilen an Euch zu schreiben. Ich habe nämlich an den Staatsrat Sulzer wegen dem nächsten Herbst und Winter geschrieben, um zu erfahren, was dann geschehen soll, da die Zeit, welche ich hier zuzubringen habe, bald um ist. Im September gedenke ich heim zu kommen. Die badische Revolution, welche im Mai ausbrach und bis in den Juli gewährt hat, hat auch meine Finanzverhältnisse abermals verwirrt, denn der Verkehr gegen Norden ist die ganze Zeit über unterbrochen gewesen. In zwei Wochen werde ich etwa zweihundert Gulden für ein Heft Gedichte erhalten, welche ich herausgebe, und damit will ich dann, da ich sonst im Sinne hatte, von hier aus noch eine Tour zu machen, selbst mich auf den Weg verfügen und mein Geld einkassieren. Denn ich möchte in keinem Falle nach Zürich kommen, ohne meine Schulden bezahlen zu können. Ich weiß nicht mehr, ob ich Dir, liebe Mutter, den Empfang der fünfzig Gulden angezeigt habe? Wenn es nicht geschehen ist, so habe ich es über dem Kriegslärm vergessen, welcher sich lange in Heidelberg herumzog. Es wurde in der Nähe von zwei Stunden kanoniert und gepulvert, und ein paarmal kamen die Feinde bis vor die Stadt, daß wir sie auf dem Berg herumlaufen sahen. Sie schossen in unsere Gassen hinein, über zweitausend Schritt weit, und ein Soldat fiel tot um, nicht weit von mir, auf der Brücke. Hierauf fanden wir, die nichts da zu tun hatten, für gut, uns ein wenig zurückzuziehen. Die Preußen haben halt auch Scharfschützen. Ich verfügte mich auf mein Zimmer, aber da war es noch ärger. Die Hausleute flüchteten ihre Habe, weil das Haus am Wasser steht, es waren Kanonen dicht unter meinem Fenster aufgefahren, welche über den Neckar den Feind abhalten sollten, welcher im Fall er ernsthaft angegriffen hätte, wahrscheinlich diese Kanonen samt dem Haus, vor welchem sie standen, auch ein wenig berücksichtigt haben würde. Die badischen Soldaten mußten indes die Stadt verlassen, weil im Rücken eine Schlacht verloren war, und am anderen Morgen rückten die Preußen vor Sonnenaufgang ein. Ihr habt übrigens die ganze Bescherung jetzt selbst auf dem Hals. Wenn man nur ordentlich umgeht bei Euch mit den badischen Soldaten; denn es sind sehr brave Kerle. Besonders die badenschen Kanoniere haben sich heldenmäßig gehalten. Sie arbeiteten, da es sehr heiß war, im bloßen Hemd, wie die Bäcker vor dem Backofen, bei ihren Kanonen, und waren noch forsch und wohlgemut dabei. Ihre Verwundeten haben sie selbst völlig tot geschossen, damit sie den Preußen nicht in die Hände geraten.

Die Freiheit ist den Deutschen für einmal wieder eingesalzen worden; doch wird es nicht lange so bleiben, und der König von Preußen wird sich wohl hüten, mit der Schweiz anzufangen. Wahrscheinlich werden nächstens die deutschen Fürsten selbst einander bei den Köpfen nehmen. Das Volk haben sie gemeinschaftlich abgetan, aber nun setzt es beim Leichenmahl Händel ab...

Doch es wird dunkel, und der Brief muß heute noch auf die Post. Was die Hemden betrifft, so muß ich es doch noch machen diesen Sommer, und wenn es etwa noch zu heiß wird im August, wo man mehr braucht, so kann ich in einem Laden ein paar gemachte baumwollene kaufen. Es gibt hier große Magazine von dergleichen Zeug, welches ganz wohlfeil ist...

Doch jetzt sehe ich keinen Stich mehr. Bis auf weiteres grüße ich Euch tausendmal, sowie alle im Hause und übrige Bekannte.

Euer Sohn und Bruder
G. Keller.

An Mutter und Schwester

Heidelberg, im Oktober 1849.

Liebe Mutter und Schwester!

Seid doch so gut und schickt meinen Paß in die Staatskanzlei, daß er wieder auf ein Jahr erneuert wird. Er muß vom preußischen Gesandten visiert werden. Es muß aber schnell gehen, denn in zehn Tagen reise ich von hier fort. Ich habe von der Regierung tausend Franken bekommen für Berlin und die Hälfte davon bereits erhalten... Ich brauche ziemlich Geld, weil ich hier noch einen schwarzen Frack und dito Weste muß machen lassen, ebenso etwas Neues für meinen alten Mantel. Ich werde aber nur eine grobe haarige Kapuze kaufen für vierzehn Gulden. Dann habe ich für den Winter eine gestrickte wollene Binde gekauft, welche man über den Rock umlegt, sie geht mir zweimal um den Hals rum und dann erst bis auf die Füße herunter und ist weiß und rot; ich sehe sehr komisch aus darin; kostet vier Gulden. Ich habe während des Jahres auch zwei weiße Westen machen lassen und ein graues Straplizierkleid. Nun muß ich noch einige Hämper[1] haben. Da Du mir schreibst, Regula hätte welche gemacht, so kannst Du sie mir nun doch schicken, obgleich es mir leid tut, daß das Tuch alles für mich zerschnitten wird; tu daher alles zusammen in ein Wachstuch packen, versteht sich gezeichnet, dann tut man noch einige Kleinigkeiten dazu, z.B. den schwarzen Tabaksbeutel, der noch irgendwo sein muß, und einige Bücher...

Ich esse hier viel Trauben mit einer schönen und noblen Jungfer, welche mich in ihrem Garten und Weinberg herumführt...

Ich habe jetzt nicht Zeit, mehr zu schreiben und grüße Euch alle tausendmal.

Gottfried Keller.

---

[1] Hemden

An Johanna Kapp

Tochter des Philosophen und Politikers Christian Kapp, der in seiner schönen Besitzung ›zum Waldhorn‹ jenseits des Neckars an der Straße nach Neuenheim gern Geselligkeit pflegte. - Der folgende Brief ist niemals an die Adressatin gelangt.

Heidelberg, den 7. Dezember 49.

Teure Freundin!

Obgleich ohne Berechtigung war ich doch in einer Art unbestimmter Erwartung, daß ich heute oder morgen noch etwas Freundliches von Ihnen empfangen würde. Die bittere Notwendigkeit zwang mich in diesem instinktmäßigen Hoffen, und kein liebevoller Gruß hat je seine Sendung besser erfüllen können, als Ihr *letzter* vor Ihrem Scheiden. Die Gewißheit, daß nichts Konventionelles in Ihrer Handlungsweise sein kann, hat mir seine Wirkung noch versüßt. Trotz des leidenschaftlichen Lebens, welches ich seit einiger Zeit geführt habe, hätte ich doch nicht geglaubt, daß es mir noch so elend zu Mute sein könnte, als es mir vergangene Nacht und den Morgen darauf gewesen ist. Ich war die letzten Wochen hindurch sozusagen glücklich gewesen, ich kannte nichts Wünschenswertes mehr, als einige Stunden mit Ihnen zuzubringen, und war ich bei Ihnen, so dachte ich in glücklicher Vergessenheit weder an die Zukunft noch an die Vergangenheit, nicht an mich selbst und nicht einmal an Sie. Ich hatte von der ganzen Welt genug, wenn ich auf den Bergen hinter Ihnen oder neben Ihnen hergehend Ihre Stimme fortwährend hörte und manchmal in Ihr Gesicht sah oder im Zimmer auf Ihre Hände schauen konnte, wenn Sie etwas arbeiteten. Es war gerade kein rühmlicher Zustand, und es ist vielleicht unschicklich, daß ich Sie noch mit diesen Klagen in die Ferne verfolge, Sie, welche genug selbst zu tragen haben. Aber erstens kann ich den heutigen Tag nur dadurch erträglich zubringen, daß ich irgend etwas an Sie schreibe; und dann werden Sie auch, wenn Sie diese Zeilen erhalten, überzeugt sein können, daß es mir wieder frischer und besser zu Mute ist. Ich will Ihnen zukünftig nie mehr von meiner Liebe schreiben, sondern ganz vernünftig von Menschen und Dingen, die ich sehe, und mit tausend Freuden von Ihnen selbst und Ihrem Schicksale, wenn ich Ihnen auf Ihre Aufforderung irgend etwas Gutes oder Aufmunterndes sagen kann. Nur muß ich Sie bitten, immer und so lange zu leiden und zu glauben, daß mein Herz an Ihnen hängt, auch wenn ich nichts mehr davon sage, bis ich Ihnen selbst meinen Abfall verkündige; und ich werde fröhlichen Sinnes der erste sein, welcher die drückende Last von Ihnen und mir zugleich nimmt. Daß dies jedoch bald geschehen werde, daran zweifle ich selbst. Meine Jugend ist nun vorüber, und mit ihr wird auch das Bedürfnis nach einem jugendlich poetischen Glücke schwinden; vielleicht, wenn es mir in der Welt sonst gut geht, werde ich noch ein fröhlicher Mensch, der diesen oder jenen Winterschwank aufführt. Mein Herz aber einem liebenden Weibe noch als bare Münze anzubieten, dazu, dünkt mich, habe ich es nun schon zu sehr abgebraucht und werde es noch ferner abbrauchen, bis es nur von Ihnen frei ist. Und was sollte ich auch mit den heiligen und süßen Erinnerungen anfangen, müßte ich nicht jeden traurigen oder glücklichen Moment, welchen ich früher verlebt, wie etwas Verstohlenes verbergen und verschweigen? Es wäre mir ganz ärgerlich, zu denken, daß ich z. B. die letzte Nacht umsonst so traurig gewesen wäre und sie ganz aus meinem Gedächtnisse vertilgen müßte.

Ich hatte ganz fest geschlafen bis gegen Morgen; aber um 1/2 3 Uhr erwachte ich, wie wenn ich selbst verreisen müßte. Während ich munter wurde, kam es mir nach und nach in den Sinn, worum es sich handelte. Ich ging ans Fenster und sah jenseits des Neckars Licht in Ihrem Zimmer; es strahlte hell und still durch die helle Winternacht und spiegelte sich so schön im Flusse, wie ich es noch nie gesehen. Obgleich von Schlaf keine Rede mehr war, so hätte ich doch um keinen Preis ein Licht angezündet, aus Furcht, Sie möchten es bemerken; und ich wollte Ihnen mein armseliges Bild nicht noch aufdrängen bei Ihrer sonstigen Aufregung. Nach einiger Zeit glaubte ich einen Wagen hinausfahren zu hören, und bald drauf rollte er zurück über die Brücke. Jetzt geht sie, dachte ich, drückte mein Gesicht in das Kissen und führte mich so schlecht auf wie ein Kind, dem man ein Stück Zuckerbrot genommen hat. Den ganzen Vormittag war ich dumpf und tot und sagte nur: diese Zeit wird auch vorübergehen! Ja, sonderbarerweise mischte sich in meine Trauer ein Ärger über jene kahlen Jahre, wo ich, wie ich vorauszusehen glaubte, über meinen jetzigen Schmerz lächeln würde, und gerade aus diesem Ärger lauschte eigentlich nur meine einzige Hoffnung, die

Hoffnung auf jene Zeit der Ruhe und Unbefangenheit. Es war der altbekannte Strohhalm des Ertrinkenden.

Da brachte mir Max nach Tisch Ihr allerliebstes Briefchen, welches mir wie eine Sonne aufging. Ihre lieben Worte versetzten mich bald in die Normalstimmung, in welcher ich nun längere Zeit bleiben werde. Ich wurde so aufgeweckt, daß ich singend in meinen Papieren zu kramen anfing und Sie auf eine Viertelstunde rein vergaß! Darauf machte ich einen tüchtigen Spaziergang und wurde wieder traurig; und nun schreibe ich an Sie. Ich kann Ihnen nicht sagen, wie weich und lind mich Ihr Wunsch überkommen hat, daß ich Ihnen unter allen Lebensverhältnissen gut bleiben möchte! Das ist doch halbwegs das, was ich gewünscht habe, eine Heimat in einem edlen und verständnisreichen weiblichen Herzen, und mehr will ich jetzt nicht. Ach, ich glaub, ich schreibe immer das gleiche, das ist ein sehr langweiliger Brief für Sie; aber ich schreibe ihn nur für mich, Sie brauchen ihn nicht auf einmal zu lesen, und wenn es Ihnen unbequem ist, denselben aufzubewahren, so verbrennen Sie ihn sogleich. Ich will künftig über andere Dinge schreiben und nicht mehr so viel. Heut abend will ich zu Hettners gehen, damit ich doch etwas von Ihnen sprechen höre. Wenn man Durst hat, so ist schlechtes Wasser besser als gar keins. Sie werden jetzt in Stuttgart sein, leben Sie recht wohl!

den 11. Dezember.

Ich weiß noch nicht, wenn dies Papier fort kommt, und will es noch voll schreiben. Ich war seit Ihrer Abreise schon zweimal in Ihrem elterlichen Haus, habe aber nur Ihre Mutter gesehen, indem Ihr Vater, von früheren Besuchen ermüdet, auf seinem Zimmer war, und ich ihn durchaus nicht stören mochte. Ihre Mutter spricht zu meinem großen Vergnügen sehr viel von Ihnen... Für Ihre Veilchen danke ich herzlich; sie liegen in Ihrem Brieftäschchen, und wenn der Ort, wo dieses liegt, eine Ruhestätte genannt werden kann, so haben die Blumen allerdings eine solche gefunden. Ich hatte sie dazumal in einer melancholisch-widerspenstigen Stimmung fast absichtlich auf Ihrem Fenstersims liegen lassen und es nachher sehr bereut; nun habe ich sie doch noch bekommen. Ich mache mir manchmal Vorwürfe, und ich weiß nicht, ob ich sie meinem ganzen Geschlecht machen soll, daß ich so wenig Geschick für einen unbefangen anmutigen Verkehr habe, daß ich erst durch bittere Schmerzen lernen mußte, mein Gefühl in Bande zu legen und mich in einer schönen Freundschaft froh zurecht zu finden, statt gleich Liebe zu begehren und geben zu wollen. Es kommt übrigens vielleicht von dem verhältnismäßig kleinen Begriff, welcher sich in Beziehung auf Freundschaft überhaupt nach und nach in mir ausgebildet hat. Ich muß wirklich gestehen, daß mir die Freundschaft keine große Lücke in meinem Leben ausfüllt. Es versteht sich bei mir von selbst, daß alle tüchtigen und offenherzigen Leute sich gegenseitig gut sind, daß die Gleichgesinnten zusammenwirken, daß man sich hilft, wo man kann, sich duldet und seine Meinungen liebevoll austauscht. Was aber hierbei für die tiefsten und innersten Herzensbedürfnisse Genügendes herauskommt, das sehe ich nicht recht ein. Man wird so oft getrennt; ich erwerbe mir neue Freunde, welche mir so lieb werden wie die früheren; diese ihrerseits tun das gleiche, und so entsteht ein großes Gewebe von guten und mannigfachen Charakteren, welche voneinander hören und oft eine gemeinschaftliche Sympathie haben. Aber gerade dadurch wird die Freundschaft mehr öffentlich, sozial und mich dünkt das, was sie sein soll und am besten ist. Es mag eine Zeit gegeben haben, wo die großen leidenschaftlichen und idealen Freundschaften gerechtfertigt waren; jetzt aber glaube ich, sind sie es nicht mehr. Unter den Männern wenigstens scheint es mir je länger je mehr unpassend zu werden, wenn zwei so etwas recht Besonderes und Exquisites unter sich haben wollen; es ist unbürgerlich und unpolitisch. Es ist schön, wenn sich Jugendfreunde ihr ganzes Leben durch so lang als möglich aufmerksam und treu bleiben, aber der innerste heiße Hunger des Herzens hat davon *nichts*, bei mir wenigstens nicht. In Beziehung auf Frauen ist es etwas anderes, aber auch da muß ich, wenn ich für eine einzelne eine recht hingebende Freundschaft bekommen soll, zuerst geliebt haben, oder vielmehr ich kenne hier keinen Unterschied zwischen beiden Neigungen, und das Wohlwollen, das ich für die Frauen im allgemeinen empfinde, ist durchaus keine Freundschaft, wenn sie mir auch noch so nah stehen, es ist nur Artigkeit. Zu meinem Nachteil vermisse ich leider eine gesellschaftliche Tugend, jenes unschuldige Kokettieren und Freundlichtun bei kaltem Blute, womit viele junge Leute sich sonst das Leben angenehm machen.

O je, was ist das für eine langweilige Predigt! Es ist, wie ich es überlese, doch nicht alles wahr! Aber ich kann mich jetzt nicht recht ausdrücken. Ich danke sehr für Ludwig Feuerbachs Gruß. Bei diesem Anlaß möchte ich Sie bitten, nicht so entschieden resigniert in die Zukunft zu blicken; zwei, drei nächste Jahre können solche Veränderungen und Umwälzungen in weiten wie in engeren Verhältnissen hervorbringen, daß viele Rücksichten von selbst schwinden, andere aber zur Seite zu werfen, die erste Pflicht werden kann. Es kann einen solchen Durcheinander geben, daß alles, was sich liebt, fest aneinander klammern muß, ohne daß die andern deswegen schlimmer dran sind. Nur die Halbheit hat gar keine Zukunft. Legen Sie mir dies nicht als Leichtsinn aus, ich bin eben sehr bekümmert für Sie. Leben Sie so glücklich und heiter als möglich, Sie können es gewiß und sagen es ja selbst! Ich hoffe bald von Ihren Fortschritten in der Kunst zu hören; ob ich wohl jemals etwas von Ihnen zu sehen bekomme?

Ihr ergebenster
Gottfr. Keller.

Berlin 1850-1855

An Ferdinand Freiligrath

Berlin, den 22. September 1850.

Lieber Ferdinand!

... Ich bleibe über Winter noch allhier, um im Frühjahr über Wien nach Hause zu reisen. Wenn jedoch nicht meine Mutter in Gestalt einer alten müden Frau sehnlich auf mich harren würde, so bliebe ich noch lange in Deutschland, denn für den Augenblick zieht mich sonst nichts nach Zürich. Weiß der Teufel, was das Freundesgesindel alles daselbst durcheinander macht! Denn auf verschiedene Briefe bekam ich keine Antwort, und aus den Nachrichten meiner Mutter ersehe ich, daß keine Seele etwa sich um meinen jeweiligen Aufenthalt oder Adresse erkundigt...

Lenaus Leichenbegängnis habe ich um so stiller und ernster in meinem Herzen gefeiert, als ich weder in irgend einem ästhetischen Kränzchen noch sonst mit einer literarischen Seele ein Wort darüber wechseln konnte, da ich in einer totalen Abgeschiedenheit lebe, stumm und nüchtern, wie eine Schildkröte. ›Bringen Sie Wasser herein! Die Speisekarte! Ich habe keine Kerzen mehr! Ich wünschte ein Dutzend Zigarren!‹ sind so ziemlich die einzigen Worte, welche manchmal wochenlang über meine Lippen kommen. Ich spekuliere aber desto mehr innerlich und lache in die Faust, wenn meine Gönner glauben, ich sei eingeschlafen. Es wird ein schreckliches Erwachen sein für dieselben, wenn meine schwarzen Taten endlich das Licht erblicken.

›Der grüne Heinz‹ ist endlich unter der Presse, und ich habe die ersten acht Bogen korrigiert. Er wird, höre und zittere! drei Bände stark werden, aus Rücksicht für - die Leihbibliotheken, welche übrigens damit angeschmiert sind; denn der Stil des Buches ist noch ziemlich breit und willkürlich und der Inhalt monoton und trübselig. Um so mehr freue ich mich auf ein forsches lebensfrohes Schaffen, das nun beginnen soll, nachdem es allmählich in mir reif geworden ist. Das subjektive und eitle Geblümsel und Unsterblichkeitswesen, das pfuscherhafte Glücklichseinwollen und das impotente Poetenfieber haben mich lange genug befangen. Ich lobe nur mein Phlegma, welches mich nicht noch mehr Dummheiten begehen ließ, als ich schon begangen habe zum Gaudium der andern Esel...

Dichter gibts hier eine Menge, an jedem Tische einen, welche überlaut vom Handwerk sprechen, ohne zu ahnen, daß in meiner Person ein gefährlicher und ehrgeiziger Nebenbuhler aus der gleichen Schüssel ißt. Sie essen ungeheuer viel, erscheinen jedoch unregelmäßig bei Tische, da sie oft geladen sind und es den Tag nachher erzählen: ›Gestern bei Geheimerats‹ usw. Daher sieht man gegen ein Uhr eine Menge dieser Leute über die Gassen rennen, den wunderbaren Frack zugeknöpft, nur ein Endchen weißer Weste unten hervorragend, oft, wenn es warm ist, den Hut in der Hand tragend und die blonden Locken fliegen lassend. Als ich sie zum ersten Male sah, glaubte ich, es wären elegante Schneider, welche zu ihren Kunden gehen. Manchmal, wenn es noch nicht ganz die Stunde ist, treten sie schnell in eine Konditorei und durchfliegen geschwind die ›Europa‹ oder das ›Morgenblatt‹, um etwas Stoff mitzunehmen; dazu essen sie ein zierliches Baiser und wechseln den unabänderlichen Taler, den sie immer bei sich führen. Ihr Lieblingsgetränk ist das sogenannte Bayrische Bier, eine abscheuliche Brühe, welche krank macht. Ich habe es im Anfang auch getrunken, verspürte aber bald ein verdächtiges asiatisches Mouvement in meinen Eingeweiden und faste jetzt lieber so lange, bis der Betrag einer halben Flasche Rotwein erspart ist, wozu ich dann jedesmal aus der Privatschatulle meiner Liederlichkeit die andere Hälfte füge und still und vergnügt eine Ganze trinke. Dies gibt mir Veranlassung, bessere Gesellschaft zu sehen in den Weinstuben, wo vernünftige Weinländer mit dicken Bäuchen und jovialen Gesprächen zusammensitzen, denen ich gern zuhöre in einer Ecke, den heimatlichen Lauten besserer Zonen lauschend. Auf der Straße sieht man diese rheinischen Gestalten nur selten; ich glaube, die Racker sitzen am Ende den ganzen Tag in den Löchern, während ich zu Hause sitze und die Finger krumm schreibe ...

Ich schicke diesen Brief an deinen Verleger; solltest Du denselben nicht erhalten, so melde es mir sogleich! Denn ich befürchte, Du habest den letzten auch nicht bekommen. Nun schirm Dich Gott, Du deutscher Wald!

Dein getreuer
Gottfried Keller.

An Wilhelm Baumgartner

Lieber Freund!

...Ich ersehe aus Deinem Briefe, den ich wieder hervorgesucht, daß Du behaglich und sicher gestellt bist und lebst. Um so eher wünsche ich, daß nun auch bald die Erfüllung Deiner höheren Interessen hinzutritt... Ich habe in Berlin die Gelegenheit benutzt und habe viele Konzerte besucht, allein mein musikalisches Urteil ist noch ziemlich auf dem alten Punkte, da ich seither keinen Umgang mit Musikern hatte. Hingegen bildende Künstler lernte ich sehr tüchtige kennen, und erfreue mich ihres Umganges. Die Oper mußte ich leider vernachlässigen, da ich mein Geld auf den häufigen Besuch des Schauspieles verwenden muß, so habe ich weder den ›Propheten‹[2] noch irgend ein anderes Stück der Neuzeit gesehen und beschränkte mich darauf, die berühmtesten alten Sachen von Gluck und Mozart kennen zu lernen. Im Schauspiel aber habe ich, begünstigt durch die Marotten der hiesigen Herren, der Reihe nach alle Dichtungen von Shakespeare, Goethe, Schiller und viel französisches Lustspiel aufführen gesehen, was meiner Erfahrung zugute kam, so wie ich ausgezeichnete Gäste sah, und mit der Rachel, die zweimal hier war, das französische Wesen und zugleich eine geniale Gestalt studieren konnte. Die Berliner Schauspieler sind ohne Genie und bewegen sich, mit seltenen Ausnahmen, in langweilig anständiger Mittelmäßigkeit. Doch sind sie in der Komödie noch ganz gut gebräuchlich. Es ist mir von der Intendanz aus erst jetzt ein Freibillett angeboten worden als einem strebenden Jüngling, allein ich nahm es nicht mehr an, da ich doch öfter hingehen müßte und ich gerade jetzt nicht mehr Zeit habe, und mit meinen eigenen Produkten zu sehr beschäftigt bin. Ich habe eine mäßige Reihe von Stoffen, sowohl komische wie tragische, die ich durchführen will. Doch sind diese Sachen nicht das, was ich für das Absolute, auch in Hinsicht meiner persönlichen Verhältnisse, halte, vielmehr betrachte ich sie für eine Übergangstätigkeit oder einen Anfang, da einerseits ich selbst noch nicht bei der höchsten Erfahrung, deren ich mich fähig glaube, angelangt bin, und man andrerseits nicht wissen

---

[2] Von Meyerbeer (1849)

kann, welche Forderungen die kommenden Jahre durch ihre geschichtliche wie wissenschaftliche Entwicklung, beide nicht vorauszusehen, aufstellen werden. Inzwischen habe ich mir die größte Einfachheit und Klarheit zum Prinzip gemacht; keine Intrige und Verwicklung, kein Zufall usf., sondern das reine Aufeinanderwirken menschlicher Leidenschaften und innerlich notwendige Konflikte; dabei möglichst vollkommene Übersicht und Voraussicht des Zuschauers alles dessen, was kommt und wie es kommt; denn nur hierin besteht ein wahrer und edler Genuß für ihn.

Berlin hat mir viel genützt, obgleich ich es nicht liebe; denn das Volk ist mir zuwider. Im Winter frequentierte ich einige Zirkel, z.B. den der Fanny Lewald; fand aber das Treiben und Gebaren der Leute so unangenehm und trivial, daß ich bald wieder wegblieb. Hingegen gibt es treffliche Leute, die im Stillen leben und nicht viel Geräusch machen, sowie auch überhaupt hier einem immer etwas anfliegt, was man in den kleinen Städten Deutschlands nicht hat. Ein reger geistiger Verkehr, mag er noch so verkehrt sein, regt den einzelnen immer vorteilhaft an. Doch sehne ich mich recht herzlich einmal nach Hause und wünsche Berlin zum Teufel. Besonders die vielen Festtage des vergangenen Sommers im Vaterlande haben mir oft Heimweh gemacht.

Ich würde bei dieser Gelegenheit gern meine Gedichte und Roman mitschicken, allein ich habe sie nicht und weiß nicht, warum der Verleger sie nicht schickt. Von letzterem besitze ich nur den ersten und zweiten Teil und will daher noch warten. Ich lege einige Fetzen der Gedichte bei, die gerade bei der Hand sind. Doch wie gesagt, es sind alte Sachen, und ich bin mit vielen Schmerzen ein ganz anderer Mensch und Literat geworden, als dort ersichtlich. Ich mußte die frühere Gedankenlosigkeit und Faulheit büßen, besonders die Zeit, die ich in Zürich verlümmelt habe. Doch war auch meine Isolierung viel schuld, denn es galt in Zürich nicht für guten Ton, literarische und poetische Bestrebungen gründlich und wohlwollend zu durchsprechen...

Grüße mir alle Bekannten...

Wenn Du trotz meiner Felonie mir doch wieder schreiben willst, so tue es bald, da ich nicht weiß, wie lange ich noch in meiner jetzi-

gen Wohnung oder überhaupt in Berlin bleibe. Mit tausend Grüßen
Dein alter

Gottfr. Keller.
Mohrenstr. 6.

An Mutter und Schwester

Berlin, den 18. Februar 1852.

Liebe Mutter und Schwester!

Dein Brief hat mir aus einer großen Verlegenheit geholfen, indem er mir einen guten Anlaß gab, endlich einmal Nachrichten von mir zu geben. Ich befürchtete nämlich, daß es schlimmer bei Euch stünde wegen meines langen Ausbleibens und meiner hinterlassenen Verwirrungen, und ich wußte nicht, was ich schreiben sollte. Nun sehe ich aber, daß Ihr Euch, dank dem treulichen Ausharren Regulas, noch so leidlich durchgeholfen bis dahin; auch sehe ich an dem Briefe, daß Du noch nicht gealtert und alle Munterkeit des Geistes beibehalten hast, was schon aus der Handschrift hervorgeht. So fällt es mir also etwas leichter, endlich zu schreiben...

Leider habe ich soeben zwei gute Monate verloren durch Krankheit. Ich muß mich irgendwo schändlich erkältet haben; denn vor Weihnacht bekam ich starke rheumatische Kopfschmerzen, Husten, wie ich ihn noch gar nie gehabt, und gleichzeitig eine starke Geschwulst in der rechten Leistengegend, welche ich anfangs nicht achtete und mit kalten Umschlägen vertreiben wollte, wodurch ich sie so verschlimmerte, daß ein befreundeter junger Arzt bis jetzt zu tun hatte, um sie nach und nach mit Schmieren und Salben wieder zu verteilen, und ich noch froh sein mußte, daß sie nicht aufgeschnitten werden mußte.

Es tut mir sehr leid, daß Du nicht nur immer Sorgen wegen meiner Schulden hast, sondern auch noch einen unangenehmen Briefwechsel zu führen. Dem Oberrichter Dößekel in Aarau brauchst Du gar nicht mehr zu antworten: ich werde ihm nächstens den Text lesen... Den Kutscher Guland in Heidelberg, bei welchem ich gewohnt habe, bezahlte ich absichtlich nicht, und er wird auch nichts bekommen, bis ich durch Heidelberg nach Hause reise. Er soll für seinen Schneider büßen, seinen Freund, den er mir zur Arbeit empfohlen hat. Dieser Kujon, nachdem er mir Verschiedenes gut gemacht hatte, fand es bei meiner Abreise für zweckdienlich, mich noch ein wenig zu bemogeln. Ich ließ einen schwarzen Frack bei ihm machen und wählte in der Musterkarte, die er mir vorlegte, Tuch zu zwei Krontalern die Elle. Der Frack erschien und sah sehr fein aus; als er aber in Berlin anfing abgetragen zu werden, da ich ihn oft trug, so stellte es sich heraus, daß der Hallunk Halbtuch oder sogenannten Zephir genommen hatte, und ich entdeckte nun erst, warum ich an kühlen Frühlingsabenden so sehr gefroren hatte in dem Frack. Ich werde es dem Herrn und der Madame Guland freundschaftlich erklären, daß sie das lange Warten ihrem Hausfreund zu danken haben. Doch soll nun all dies Elend bald ein Ende nehmen...

Ich mußte jüngsthin meine sämtlichen Winterstrümpfe »anlismen«[3] lassen. Mit den Hemden bin ich in Verlegenheit; ich habe mir schon ein paar Mal einige baumwollene gekauft, da die leinenen, welche ich von Hause habe, teils des Schnittes, teils der Grobheit wegen in der Gesellschaft nicht zu tragen sind; denn es wird hier mit der Wäsche ein schändlicher Luxus getrieben. Feine leinene mochte ich nicht anschaffen, da die Hausfrau, welche mir wäscht, alles zusammenreißt und doch nicht schön wäscht; sie läßt um den Teufel keine fremde Wäscherin ins Haus, welche die Sachen doch weiß und glatt machen fürs Geld, wenn sie dieselben schon auch zerreißen. Einzig das Hemd, welches eine breite Brust ohne Falten hat, trage ich, auch wenn ich wohin eingeladen bin, da es wegen seines wunderbaren Schnittes Aufsehen erregt. Als mich ein Frauenzimmer befragte, ob man in der Schweiz solche Hemden trage, sagte ich: ja, es sei ein schweizerisches Nationalhemd, und als solches darf ich es in den vornehmsten Gesellschaften tragen, da das Fremdländische immer nobel ist.

Inliegende Briefe bitte ich in den Briefeinwurf zu tun. Ich weiß noch nicht, ob ich frankieren werde, da ich gegenwärtig nicht sehr viel Geld habe. Ich will mich über Nacht noch besinnen. Ich grüße Euch tausendmal bis auf weiteres.

---

[3] Schweizerisch: anstricken

Euer Sohn und Bruder
G. Keller.

Das Nationalhemp geht nun auch bergab, da ich hinten den Hemperstock verkürzen mußte, um Salblumen zu gewinnen.

An die Mutter

Berlin, den 12. Juni 1852.

Liebe Mutter!

Mein Freund Baumgartner, welcher mir kürzlich geschrieben, bemerkte mir in seinem Briefe, daß Du mich nun täglich zu Hause erwartest und deshalb nicht auf das Land gehest. So sehr ich mich wieder einmal nach unserer alten Stube zurücksehne, so muß ich doch leider noch einmal absagen und melden, daß Du immerhin nach Glattfelden oder Eglisau oder wohin Du eingeladen bist, gehen sollst, denn meine Heimkehr ist noch nicht möglich, indem meine Affären noch nicht so stehen, daß ich zu Hause meine Schulden bezahlen und etwas in die Haushaltung liefern könnte. Ohne dieses könnte ich freilich jeden Augenblick nach Hause kommen; aber das will ich einmal nicht. Damit es aber leichter kleckt, habe ich bei der Regierung noch ein letztes Viatikum nachgesucht. Die Herren haben zwar saure Gesichter gemacht, sind aber doch noch mit sechshundert Franken neues Geld ausgerückt und haben mir dabei verdeutet, daß bis jetzt noch keine Person so viel vom Staate bezogen habe. Ich bin daher nun auch von dieser Seite gedrängt, bald etwas von mir hören zu lassen und mich hervorzutun, denn für die dreitausend Franken, die ich im ganzen bezogen habe, will man endlich etwas geleistet sehen. Übrigens werde ich dies auch nach meinen Kräften tun, wenn ich einmal erst anhaltende Ruhe habe und nicht immer zu gleicher Zeit an das Essen denken, spekulieren, lernen und arbeiten muß, und die Leute, welche etwa glauben (wie mir zu Ohren gekommen), ich sei eingeschlafen oder versimpelt, werden sich sehr getäuscht finden. Ich beneide diejenigen nicht, welche auf der Schnellbleiche ihr bißchen Weisheit und Erfahrung oder vielmehr ohne Erfahrung zusammenstoppeln, gleich etwas Geld verdienen, heiraten und sogenannte wohlgeratene Herren sind, um nach einigen Jahren erst unzufrieden und unruhig zu werden und erst im vierzigsten Jahre noch aus Unzufriedenheit und erfahrungsloser Dummheit plötzlich sich als verspätete liederliche Käuze darzustellen oder sonst verrückt zu werden, wie dies schon öfter vorgekommen ist, wo dann kein Mensch das Wunder begreifen kann. Ich hoffe noch ein' und andern, der jetzt ein wichtiges Gesicht macht und mich für einen Schlufi hält, der zu nichts kommt, zu überdauern. Freilich fällt es mir schwer aufs Herz, wenn ich denke, daß Du und Regula zugleich darunter leiden, und daß Euch beiden darüber die Jahre vergehen. Allein ich kann meine Natur nicht ändern, und wenn ich einst mir einige Ehre erwerbe, so habt Ihr den größten Anteil daran durch Euere stille Geduld. Ich will Euch übrigens nicht weiter mit schönen Worten abspeisen und nur bitten, noch ein klein wenig auszuharren und inzwischen bald zu schreiben, wie es jetzt geht, obgleich ich es mir ungefähr denken kann... Ich grüße Euch tausendmal, sowie jeden, der nach mir fragt, ohne die Nase zu rümpfen.

Euer Sohn und Bruder
Gottfried Keller.
Mohrenstraße 6.

An Hermann Hettner

Berlin, den 15. Oktober 1853.

Lieber Freund!

Ihre freundlich besorgte Nachfrage, welche mich wohltuend berührte, obschon ich als Unkraut in keinerlei Gefahr schwebe, veranlaßt mich, Ihnen endlich den schuldigen Brief zu entrichten.

Vor allem wünsche ich, daß sich die Gesundheitszustände in Ihrer lieben Familie gebessert haben... Daß es Ihnen am Meere gut erging und gut gefiel, freut mich; ich bin nur neugierig, ob ich auch noch den Tag erlebe, wo ich wieder in eine vernünftige Gegend komme und entweder Meer oder Gebirg sehe. Die märkische Landschaft hat zwar etwas recht Elegisches, aber im ganzen ist sie doch schwächend für den Geist; und dann kann man nicht einmal hinkommen, da man jedesmal einen schrecklichen Anlauf nehmen muß, um in den Sand hineinzuwaten. Ich bin fest überzeugt, daß es an der Landschaft liegt, daß die Leute hier unproduktiv werden. Ich sagte es schon hundertmal zu hiesigen Poeten, die sich domiziliert haben, und sie stimmen alle ein und schimpfen womöglich noch mehr als ich; aber keiner weicht vom Fleck, lieber sterben sie elendiglich auf dem Platze, ehe sie von dem verfluchten Klatschnest weggehen. Wie sehr werde ich mich sputen, wenn ich einmal kann! Denn ich fühle wohl, daß ich hier auch eintrocknen würde. Ein Hauptgrund zu der Impotenz ist auch die verfluchte Hohlheit und Charakterlosigkeit der hiesigen Menschen, die gar keinen ordentlichen fruchtbaren Gefühlswechsel und -ausdruck möglich macht. So kommen die Leute aus dem Rechten heraus, ohne zu wissen, wie es eigentlich zugegangen. Doch muß ich gestehen, daß für die eigentliche Gelehrtenwelt die Sache sich anders verhält und hier eine gute Luft zu sein scheint oder wenigstens einmal war.

Ein vorübergehender Aufenthalt hier hingegen ist jedenfalls auch für künstlerische und andere Seiltänzernaturen gut...

Ich kann jetzt endlich sagen, daß ich in ein kontinuierliches und ergiebiges Arbeiten hineingekommen bin und denke mich binnen einem Vierteljahre herauszufressen. Das Romanzerogedicht werde ich auf Weihnachten nun doch allein herausgeben, da es in dem Gedichtbändchen nicht mehr Platz hatte, ›weil die vorrätigen gepreßten und vergoldeten Pappdeckel zu eng seien‹. Das kommt von unserer Buchbinderpoesie. Man wird nächstens leere Einbände kaufen mit schönen Titeln. Vieweg hat vor zwei Jahren die starke Zahl von 1500 gedruckt mit der Bedingung, daß er nach einiger Zeit den Rest, der nicht verkauft sei, als zweite Auflage mit Vermehrung, die ich unentgeltlich liefern muß, versende. Die Auflagen der Geibel usw. sind nur 500 stark; Vieweg hat mir also drei Auflagen mit *einer* abgezwackt. Doch muß er mir nun den Romanzero erklecklich bezahlen...

Ein Bändchen Novellen ist ganz spielend entstanden, und Vieweg wird es wahrscheinlich mit dem vierten Band des Romans zusammen herausschicken. Nur fürchte ich, daß nun zuviel nacheinander kommt und ich den Anschein eines anmaßlichen Schmierers gewinne, da die Leute nicht wissen, wie langsam und jämmerlich es bei mir herging.

Ich werde Ihnen nächstens wegen des Romanes noch einmal schreiben und schließe daher für heute.

Mit tausend Grüßen Ihr
G. Keller.

An Hermann Hettner

Lieber Hettner!

Der Umstand, daß Sie Ihren Wohnort geändert und nach Dresden übergesiedelt sind, ohne mir etwas darüber zu schreiben, läßt mich fast befürchten, daß Ihnen entweder etwas zugestoßen sei oder daß Sie etwas gegen mich haben... Wenn Sie jedoch wohl sind, so bitte ich Sie, mich etwas hören zu lassen und vorzüglich, wenn Sie sich über mich zu beschweren haben, mir es deutlich zu sagen; denn zu allen Erfahrungen wäre mir dies die bitterste, alte Freunde zu verlieren nur aus dem Grunde, weil ich mich nicht rühren kann und weil mich die niederträchtige Gemeinheit der Leute solang *als möglich* in einem unseligen Bann eingeschnürt hält. Ich habe erst vor sechs Wochen das letzte Kapitel meines Romanes, und zwar am Palmsonntag, buchstäblich unter Tränen geschmiert und werde diesen Tag nie vergessen. Nachdem mich nun Vieweg vorher fast gefressen um das Manuskript, läßt er den vierten Band ruhig liegen und vorenthält mir jede Antwort und billige Abrechnung wahrscheinlich aus erbärmlicher Rachsucht, weil ich gezwungen war, mit Scheube einen Kontrakt einzugehen. Ich hatte mich so darauf gefreut, nun jeden Monat dieses Frühlings und Sommers einen alten Entwurf abzutun und mich bis zum Herbst in jeder Beziehung herauszumachen, und nun ruiniert mir dieser brutale Hund alle die schönen Tage und alle Hoffnungen. Denn abgesehen von der pekuniären Ausgleichung entzieht er mir durch die perfide Verschleppung oder gar Unterschlagung des vierten Bandes die notwendige Aufeinanderfolge meiner Produkte und den kleinen äußerlichen Erfolg, den ich gegenwärtig so wohl brauchen könnte.

Dazu kommt, daß ich gegenwärtig etwas erlebe, was einem heitern und schönen Sterne zu gleichen scheint und mir vielleicht nur durch diese Misere und Verbitterung verloren geht.[4] . Sie werden also wohl fühlen, daß ich meinerseits nicht zum Briefschreiben eingerichtet bin, da ich manchmal nicht weiß, wo mir der Kopf steht; und ich tue es jetzt nur, weil mich eine Unruhe plagt und eine schlimme Ahnung, als ob überall etwas gegen mich vorgehe.

---

[4] Gemeint ist die Liebe zu Betty Tendering

Scheube wird einen Band Erzählungen von mir drucken unter dem Titel ›Die Leute von Seldwyla‹. Er ist auch selbst daran schuld, daß er ihn nicht schon hat; doch bin ich jetzt daran und werde ihn wohl diesen Monat fertig bringen.

Es nimmt mich wunder, wie Sie in Dresden leben, und was Ihre verehrte Frau und Ihre Kinder machen. Wenn Sie also immer können oder aufgelegt sind, so seien Sie so gut, mir ein paar Zeilen zukommen zu lassen! Ich wohne noch Bauhof Nr. 2.

Mit besten Grüßen an Sie und die Ihrigen

Gottfried Keller.
Berlin, den 9. Mai 1855.

Wird denn Ihre Literaturgeschichte nun herauskommen?

Zürich 1856-1890

An Lina Duncker

Gattin des Berliner Verlegers Franz Duncker.

Liebe Frau Duncker!

Da ich das Buch für Herrn Duncker noch nicht fertig habe, so will ich einstweilen noch an Sie schreiben und zu Händen Ihres werten Hauses Ihnen anzeigen, daß ich mich schon seit vier Wochen zu Hause befinde und meine liebe Mutter und Schwester wohl und munter angetroffen habe. Erstere ist sehr dauerhaft und hat sich in den sieben Jahren fast gar nicht verändert, sie macht alles selbst und läßt niemand dreinreden; auch klettert sie auf alle Kommoden und Schränke hinauf, um Schachteln herunterzuholen und Ofenklappen zuzumachen. Ich mußte mir eine Serviette zum Essen förmlich er-kämpfen, und da gab sie mir endlich ein ungeheures Eßtuch aus den neunziger Jahren, von dem sie behauptete, daß es wenigstens vierzehn Tage ausreichen müsse! Ich kann es wie einen Pudermantel um mich herumschlagen beim Essen. Meine Schwester ist eine vortreffliche Person und viel besser als ich; als ich eines Tages wieder melancholisch war und die Mutter in der Zerstreuung etwas anfuhr, ohne es zu wissen, rückte mir Regula auf das Zimmer und hielt mir eine so scharfe Predigt, daß ich ganz kleinlaut und verblüfft wurde. Beide hatten große Freude, als ich kam, aber ich habe ihnen auch nicht im mindesten imponiert!...

Hier in Zürich geht es mir bis dato gut, ich habe die beste Gesellschaft und sehe vielerlei Leute, wie sie in Berlin nicht so hübsch beisammen sind. Auch eine rheinische Familie Wesendonck ist hier, ursprünglich aus Düsseldorf, die aber eine Zeitlang in Neuyork waren. Sie ist eine sehr hübsche Frau, namens Mathilde Luckemeier, und machen diese Leute ein elegantes Haus, bauen auch eine prächtige Villa in der Nähe der Stadt, diese haben mich freundlich aufgenommen. Dann gibt es bei einem eleganten Regierungsrat feine Soupers, wo Richard Wagner, Semper, der das Dresdner Theater und Museum baute, der Tübinger Vischer und einige Züricher zusammenkommen und wo man morgens zwei Uhr nach genugsamem Schwelgen eine Tasse heißen Tee und eine Havannazigarre bekommt. Wagner selbst verabreicht zuweilen einen soliden Mittagstisch, wo tapfer pokuliert wird, so daß ich, der ich glaubte aus dem Berliner Materialismus heraus zu sein, vom Regen in die Traufe gekommen bin: An diversen züricherischen Zweckessen bin ich auch schon gewesen; man kocht sehr gut hier, und an Raffiniertheiten ist durchaus kein Mangel, so daß es hohe Zeit war, daß ich heimkehrte, um meinen Landsleuten Moral und Mäßigung zu predigen, zu welchem Zweck ich aber erst alles aufmerksam durchkosten muß, um den Gegenstand recht kennen zu lernen, den ich befehden will...

Wir wohnen parterre in einem Garten, am Fuß eines Berges, der von Gärten und Gehölzen bedeckt ist, so daß der Frühling wieder einmal sehr schön für mich werden wird, es ist aber auch Zeit dazu. Nur soll es eine Menge Spinnen geben, die im Sommer aus dem Garten in die Stuben kommen.

Berlin habe ich schon gänzlich vergessen, was sich erwarten ließ. Dennoch sind nicht üble Leute dort, wenigstens zeitweise, und ich danke Ihnen auch besonders für alle mir erwiesene Freundlichkeit...

Darf ich Sie bitten, inliegendes Briefchen etwan auf die Stadtpost werfen zu lassen? Herrn Duncker werde ich bald schreiben und bitte mich bis dahin empfohlen sein zu lassen.

Ihr ergebenster
Gottfried Keller.
Zürich-Hottingen, Gemeindegasse, den 13. Januar 1856.

An Ludmilla Assing

Nichte Varnhagens von Ense, in dessen Haus Keller in Berlin verkehrt hatte.

Zürich, 8. Juni 1870.

Verehrtes Fräulein Assing!

In einer langweiligen Regierungssitzung, in welcher stundenlang debattiert wird, finde ich endlich die Gelegenheit, meiner Sünden zu denken, und da fällt mir vor allem meine beinahe zweijährige Briefschuld aufs Gewissen, die mich Ihnen gegenüber drückt. Wie Sie an diesem Eingang sowie am Papier wahrnehmen können, befinde ich mich ungeachtet der vorübergegangenen Staatsveränderung unseres Republikwesens immer noch in meinem Amte; ich sitze zur Stunde an meinem alten Platz auf dem Rathause; aber seit einem Jahre sieben neue Regierungsmänner um mich her, da alle alten, meine Freunde, durch Volkswahl beseitigt wurden...

Neulich habe ich einen im Herbst 1868 für Sie angefangenen Brief aufgefunden, der unter Schichten von Akten, die sich in diesen stürmischen zwei Jahren gesammelt, vergraben und meinem Gesichte entzogen worden war. Er beginnt, wie alle meine Episteln an Sie, mit Dankesvariationen über die literarischen Zusendungen, Fortsetzungen der Tagebücher und so weiter; ich kann jetzt, da ich mich nicht zu Hause befinde, gar nicht alles aufzählen und mich auch nicht in eine nähere Betrachtung und Würdigung des einzelnen einlassen. Empfangen Sie also mit altem Wohlwollen meinen kurzen Dank für alles...

Verfolgen Sie auch noch ein bißchen die deutsche Literatur? Es ist alles aus Rand und Band, und hundert Talente und Talentchen treiben sich auf offener See herum; aber ich glaube, es wird sich etwa in den nächsten zwanzig Jahren wieder etwas Besseres kristallisieren, da dann doch etwa hundert Jahre seit dem letzten Mal verflogen sind...

In neuerer Zeit lebe ich endlich wieder einmal mehr für meine Person, lese viel und schreibe allmählich wieder. Ich durchgehe alte Manuskripte, mache sogar Verse, kurz, ich übe mich vorsichtiglich, aber behaglich ein, heut oder morgen wieder ein freier Schriftbeflissener zu werden, da mich die Jahre doch zu dauern anfangen, die so dahingehen.

Die Diskussion über eine praktische Steuerschraube, welche meine VII Tyrannen soeben fabrizieren, geht nun zu Ende und damit auch die Zeit, welche ich für diese wenigen Zeilen fand, welche nichts Interessantes oder Schönes enthalten werden, aber Sie wenigstens überzeugen sollen, daß ich schon länger auf einen Augenblick gelauert habe, meiner Pflicht zu genügen...

Leben Sie nun bis auf weiteres wohl, verehrtestes Fräulein, und bleiben Sie nicht ungewogen

Ihrem ergebenen
G. Keller.

NB. Fast hätt ich vergessen: Sie können mir auf der Adresse Doktor schreiben, da ich letztes Jahr, als ich 50 Jahr! alt wurde, einen solchen Spitznamen bekommen habe.

An Regula Keller

Keller hatte in Österreich seine Wiener Freunde, die Exners besucht.

Liebe Schwester!

Nachdem ich zwei Tage in Salzburg gewesen, bin ich seit gestern an einem abgelegenen kleinen Bergsee, welcher der Mondsee genannt wird, und wo ein Rudel Wiener, Herren und Frauenzimmer, in Bauernwirtschaften leben. Wenn es etwas zum Schreiben geben sollte, so ist meine Adresse: G. Keller in See bei Unterach in Oberösterreich.

Heute regnet es unausgesetzt. Du mußt doch sehen, daß Du Äpfel kaufst; wenn sie auch zwanzig oder mehr Franken kosten, so ist es doch besser, man macht diese Ausgabe, als daß man bis zum nächsten Herbst gar nichts dergleichen hat.

Mit besten Grüßen
Dein Bruder
G. Keller.
See, den 16. September 1873.

An Marie Erner

Zürich, den 19. April 1874.

Mit Ihnen will ich nun das Geschäftliche wegen meines Hinkommens besprechen, da Sie doch das Hausmütterchen sind und für die Sachen aufkommen müssen. Also das Schlössel ist mir das beste in jedem Fall, vorausgesetzt, daß es nicht gerade eine Ausspannung für Fuhrleute ist. Wenn ich dann dort bin, so komme ich jeden Tag ein paar Mal zu Euch. Die Hauptsache ist, daß ich am Abend gut versorgt und nicht der Kneipwildnis von Wien überlassen bin oder wenigstens in guter Kompanie ausrücke. Was nun die

Zeit betrifft, so schickt es sich für mich im Juli auch am besten; ich würde es dann so einrichten, daß ich etwa zehn Tage in Wien wäre und dann mit Euch an den Mondsee reiste, was ich mir als lustig vorstelle; dann aber nach ein paar Tagen mich seitwärts in die Büsche schlüge. Ich soll noch mit einem andern Wiener, der in Meran hockt, diesen Sommer irgendwo zusammentreffen, was alsdann am besten um jene Zeit geschähe. Wenn Ihnen meine Zusendung wirklich einiges Vergnügen gemacht hat, so bin ich über Verdienen belohnt. Ich würde am liebsten gleich wieder ein Bildchen anfangen, wenn es nicht zu weichlich wäre, zuviel für sein Vergnügen zu tun (husten Sie nicht!)...

Was für eine Teufelei beabsichtigen Sie mir anzutun, daß Sie sich jetzt schon Straflosigkeit sichern wollen? Nun ich werde mir jedenfalls den Schaden besehen, ehe ich amnestiere. Eigentlich werde ich doch nicht viel machen können; es guckt mir soeben ein blühender Kirsch- oder eigentlich Zwetschgenbaum mit der Abendsonne ins Fenster und stimmt mich mild und gnädig, und so sei es Ihnen denn zugesagt! Nur beißen Sie mir nicht geradezu den Kopf ab! Behüt Sie der Himmel auch mit allen Ihren sieben Sachen. Also im Juli werde ich im Hotel Schlössel einziehen, vorher aber nochmals schreiben und fragen, wie die Gestirne stehen.

Ihr ergebener
G. Keller.

An Adolf Exner

Telegramm aus Lammbach vom 7. Juli 1874.
Professor Exner, Wien, Josefstädterstr. 17.

Das Fassel rollt heran.

Keller.

An Marie Exner

Zürich, den 20. August 1874.

Schönste Fräulein Exner!

Verehrteste Anwesende!

Endlich kann ich von meiner neu angetretenen Arbeit ein bißchen verschnaufen, um etwas Nachricht über mein ferneres Schicksal aufzusetzen.

Das erste Abenteuer nach meiner Abreise von Brixlegg war ein Floh vom Hund Haxel, der in meinem rechten Strumpf herumkroch und mich dort unaufhörlich kitzelte. Glücklicherweise war es ein Hebräer, denn er hörte, da es Freitag war, genau mit Sonnenuntergang auf. Nun stand aber zwischen Kufstein und Rosenheim der Zug fast eine Stunde still, so daß ich erst nach elf Uhr in München ankam. Im Hotel Detzer mit einem anderen Reisenden eintretend, wurden wir treppauf in unsere Zimmer geführt, vier, fünf, sechs Treppen, so daß ich kaum mehr schnaufen konnte; endlich wurde der Gefährte in ein Kämmerchen gestoßen, ich aber noch eine Treppe hoher kommandiert, mußte dort unter dem Dach durchkriechen und nun gings eine Hintertreppe wieder hinunter, fünf, sechs, sieben Treppen, bis auf den ersten Stock, wo ich ein schönes großes, wohlausgestattetes Zimmer erhielt und atemlos in einen Fauteuil sank. Ich erhielt nun die Aufklärung, daß man mir vor den anderen Fremden nicht diesen Vorzug habe einräumen dürfen, mich aber noch wohl gekannt und wegen meiner Artigkeit und guten Sitten noch günstig im Gedächtnis bewahrt habe. Seht Ihr, so bin ich angeschrieben im Hotel Detzer! ...

Dann fand ich in München am sechsten oder siebenten Tag das Markenkästchen in meinem Überzieher, nachdem ich denselben auf der Eisenbahn und in München nach allen Richtungen herumgeworfen, verkehrt auf dem Arm getragen usw.; es ist also gern bei mir geblieben und steht deshalb jetzt auf meinem Schreibtisch ...

Nun fließt mein Leben wieder vergnüglich dahin, abwechselnd in holder Leidenschaft und stiller Beschaulichkeit, womit ich verbleibe

Ihr und Euer dankbarer
G. Keller.

An Jakob Baechtold

Germanist und Literarhistoriker, Gymnasiallehrer in Solothurn, der spätere Biograph Kellers. In Luzern waren die beiden Freunde auf der Versammlung der Schweizer Historiker gewesen;

mit ›des Schaden buoch‹ ist O. Schades Altdeutsches Lesebuch gemeint.

Trut Wingeselle unde Friunt.

Sit von Lucerne nah Huz geriten, han ih dick an iuwer Profezei gedaht, so ir frilich zevor wizzen kunt, unde han michel Fröide enphachen durh iuwer botschaft, dazz iuwer wirdeklich wirtinne sige eins magetlins genesen. Dizerem wünschen ih ain fruotig wahstum, unz dazz es grozz genuog sin wurd for ain rehten man, sam sin Vater ist.

Hierbi volget des Schaden buoch zurück, uf dazz diu Schuol nit still stat.

Unde han i noch ze berihten, dazz ir ze Lucerne versumt habent den win St. Georgen uz Burgunden ald Sainschors, sam die Franzose sagent. Dizeren Win hant mir unde etlich ander och ze Zurih endachet unde zimelih genozzen.

Zurih, am VI. Tag nah Bettag 1875.

Gotefrid der Schriber,
och Cellerarius.

An Marie von Frisch geb. Exner

Zürich, den 20. Dez. 1875.

Höchst verehrungswürdige Frau Professorin und Mama!

Ich beglückwünsche Sie nachträglich noch eifrigst wegen Ihres Söhnleins in der Hoffnung, es stehe noch alles gut mit demselben, die Gesundheit vortrefflich, die Schönheit unvergleichlich, die Gescheitheit über jeden Vergleich erhaben.

Um aber auf dem Pfade der Tugend eine rechtzeitige Einwirkung zu erzielen und das junge Männlein zu einem männlich tüchtigen Kumpan heranbilden zu helfen, übersende ich Ihnen hiermit ein erstes Trinkgeschirrchen; er wird es freilich noch nicht regieren können. Bis dahin müssen wir einen Notbehelf erfinden. Dazu dienen die Baseler Leckerli, welche Sie in altem Rotwein einweichen, in Lutschbeutel (schweizerisch: Nüggi) packen und auf diese Weise dem Sprößling ins Mäulchen stecken müssen, damit er sich an den Wein gewöhnt.

Hiemit wünsche ich Euch insgesamt fröhliche Weihnacht und ein glückseliges Neujahr!

Herrn Adolphus werde ich bald einmal schreiben; inzwischen danke ich ihm für den Brief aus Gödöllö und namentlich für die Photographie der schönen Dame. Für die wiederholten Geschenke dieser Art (er schickt mir nämlich immer Photographieen von Schönheiten, die er kennen und lieben gelernt hat) werde ich ihm die Stöpsel der Champagnerflaschen sammeln und schicken, die ich habe trinken helfen, um nur einigermaßen das Gegengewicht zu halten.

Befolgen Sie meinen Rat mit den Lutschbeuteln, damit keine Zeit verloren geht und, bis Sie ein zierliches Matrönlein mit weißen Haaren sind, der Sohn ein tapferer ältlicher Weinzapf mit purpurner Nase geworden sein wird, der das Mütterchen ehrt und schätzt und immer noch eins trinkt, wenn er sie nur ansieht. Ich selber saufe leider nicht mehr viel; bleibe wochenlang in meinem Hochsitz abends zu Hause und trinke Tee. Nächstes Jahr habe ich vorläufig vor, meine Schreiberstelle zu quittieren und ganz den sogenannten Musen zu leben. Ich bin nun so alt, daß es nicht mehr so schlimm gehen kann ohne eine solche Philisterversorgung, und die schönen langen Tage und Wochen fangen mich doch an zu schmerzen, wenn ich immer vom Zeug weg ans Geschäft laufen muß.

Wenn ich dann schön Geld verdiene mit meinen herrlichen Werken, so reise ich öfter herum und komme ab und zu nach Wien und schleppe den *filium* in die Konditoreien und wo es schön ist.

Bis dahin tausend Grüße an alle Empfänglichen und meine Empfehlung dem Herrn *Professor consort*.

Ihr
G. Keller.

An Adolf Exner

Zürich (Enge), 19. August 1876.

Lieber Freund!

... Mit meiner Demokratenregierung bin ich leidlich auseinandergekommen oder vielmehr lustig, was ich Ihnen glaub ich noch nicht erzählt habe. Sie veranstalteten mir ein Abschiedsessen im Hotel Bellevue, an dem ausschließlich die Mitglieder der Regierung und ich waren, und überreichten mir einen silbernen Becher. Die Sache begann um sechs Uhr nachmittags. Um neun Uhr schien es mir einschlafen zu wollen, ich verfiel auf die verrückte Idee, ich müsse nun meinerseits etwas leisten und den Becher einweihen. Ich lief hinaus und machte ganz tolle Weinbestellungen in Bordeaux, Champagner und so fort in der Meinung, dieselben selbst zu bezahlen. Die Herren aber wußten, daß alles aus der Staatskasse bezahlt werden müsse, und um den Schaden wenigstens erträglich zu machen, fingen sie krampfhaft an mitzusaufen und soffen verzweifelt bis morgens um fünf Uhr, so daß wir am hellen Tage auseinandergehen mußten. Sieber wurde in einer Droschke nach Hause gebracht; ich wurde in einer Droschke nach dem Bürgli gefuhrwerkt: ich hatte drei Tage Kopfweh. Das Tollste ist, daß ich die Herren, je mehr wir soffen, um so reichlicher mit Offenherzigkeiten regaliert habe in diesem letzten Augenblick, mit meinen Ansichten über die Verdienstlichkeit ihres Regiments und dergleichen, was mich nachher geärgert hat, denn es war doch kommun undankbar. Sie machten jedoch geduldige Mienen dazu; ich glaube aber, sie gäben mir jetzt den Becher nicht mehr. Die bestellten Weine wollte ich am andern Tage oder vielmehr am Nachmittage desselben Tages bezahlen; es wurde mir aber richtig nichts abgenommen.

Alles wird sorgfältig verschwiegen; nur das Rechnungsbelege wird als stummer Zeuge in den Archiven liegen bleiben.

Besten Gruß

Ihr
G. Keller.

An Paul Heyse

Den Maximiliansorden, zu dem der Dichter von Heyse vorgeschlagen worden war, hatte Keller zunächst abgelehnt. Erst als Heyse ihn zum zweiten Male eingab, glaubte Keller aus Rücksicht auf den Freund die Annahme nicht länger verweigern zu dürfen.

Lieber Freund!

Wenn die Augsburger Allgemeine Zeitung nicht lügt, so haben Sie die Minen nun doch angezündet, die Sie mir gelegt haben! Mögen Sie dafür im Dies- oder Jenseits den Lohn empfangen, der Ihnen gebührt!

Für den Fall, daß die Sache wirklich und unwiderrufen ist, bitte ich Sie (das haben Sie sich selbst zugezogen) um eine gütige Anleitung, was man nach Empfang der bezüglichen Anzeige oder Zustellung zu tun hat, ob man z. B. an den König selbst schreiben muß, ob man das Wort Dank gebraucht oder welches, und wie lang das Schreiben sein darf, ohne unschicklich zu sein. Ich denke, es wird nur das Notwendigste in möglichst wenig Zeilen zu sagen sein. Was mich zu diesen pedantischen Informationen bewegt, ist der Wunsch, dem armen Herrn, der auf so unfreiwillige Weise mit einem Unbekannten in Berührung kommt, nicht auffällig zu werden durch Verletzung der Form, Verspätung usw.

Empfehlen Sie mich der gnädigen Frau Gemahlin, den Fräulein Töchtern und dem kleinen Telemach, der hoffentlich schön im Plato liest und nie nach seinem Papa ausreisen muß!

Ihr alter Esel
G. Keller.

An Theodor Storm

Storm hatte Keller brieflich seine Freude über die ›Züricher Novellen‹ ausgedrückt und ihm seine Freundschaft angetragen. Von Angesicht gesehen haben sich die beiden Dichter niemals.

Zürich, 30. März 1877.

Sie haben mir das schönste Ostergeschenk gemacht, das ich je in meinem Leben bekommen; es ist freilich seit der Kinderzeit lange her; aber um so mehr braucht es, um jene durch das Ferneblau vergrößerten Wunder in den Schatten zu stellen. Ich ergreife mit Dank und Freuden Ihre Hand und Ihr Geschenk und will trachten zu erwidern, was an meinem geringen Orte möglich ist. Denn es ist mir nun ja alles Liebe und Schöne, was ich von Ihnen kenne, zum zweiten Male und gewissermaßen speziell wieder geschenkt.

Die treuliche und freundliche Vermahnung, die Sie mir wegen Hadlaub und Fides geben, befremdet mich nicht, weil die Geschichte gegen den Schluß wirklich überhastet und nicht recht ausgewachsen ist. Das Liebeswesen jedoch für sich betrachtet, so halte ich es für das vorgerücktere Alter nicht mehr recht angemessen, auf dergleichen eingehend zu verweilen, und jene Form der Novelle für besser, wo die Dinge herbeigeführt und alsdann sich selbst überlassen werden, vorausgesetzt, daß dann genugsam zwischen den Zeilen zu lesen sei. Immerhin will ich den Handel noch überlegen; denn die Tatsache, daß ein lutherischer Richter in Husum, der erwachsene Söhne hat, einen alten Kanzellaren helvetischer Konfession zu größerem Fleiß in erotischer Schilderei auffordert, und zwar auf dem Wege der kaiserlichen Reichspost, ist gewiß bedeutsam genug! Im Herbst werde ich Ihnen die Separatausgabe der Züricher Novellen schicken, wo Sie dann auch das Fähnlein der sieben Aufrechten wiederfinden wer« den ...

Jetzt will ich aber für diesmal schließen, da die Nachmittagssonne und Amsel, Finken und andere Musikanten auf den Bäumen vor dem Fenster mich Hinausrufen, wo der Winter gottsjämmerlich abgemörd't wird.

Bald hoffe ich Ihnen in der Rundschau oder so wo wieder zu begegnen und mich dort mit Ihnen zu unterhalten; man ist da immer sicher, gute Musik zu hören und seine Weinlein zu trinken.

Ihr dankbar ergebener
Gottfr. Keller.

An Theodor Storm

Zürich, den 31. Dezember 1877.

Ich wollte Ihnen, lieber Freund, am morgigen Neujahrstag schreiben, um Ihnen durch die gewählte Stunde eine rechte Ehre zu erweisen; zu rechter Zeit fällt mir aber ein, daß mich die Silvesternacht und das germanische Laster entweder untauglich machen oder mit schnöden Jammerpossen anfüllen könnten à la Johann

Jakob Wendehals von Mörike, und da wollen wirs lieber heute noch vornehmen.

Die Züricher Novellen‹ werden Ihnen durch den Verleger zukommen... Um nochmals auf jene ???FiguraLeu zurückzukommen, so hat sie wohl unverheiratet bleiben können; denn ich habe erst seither in Ihrem ›Sonnenschein‹ gesehen an der dortigen Fränzchen, wie man ein lustiges und liebliches Rokokofräulein machen muß, und die hat ja auch ledig sterben müssen. Es ist mir übrigens, wenn ich von dergleichen an Sie schreibe, nicht zu Mute, als ob ich von literarischen Dingen spräche, sondern eher wie einem ältlichen Klosterherrn, der einem Freunde in einer anderen Abtei von den gesprenkelten Nelkenstöcken schreibt, die sie jeder an seinem Orte züchten. Und Sie sind ja wieder rüstig dabei an Ihrem Orte; ich habs zwar noch nicht gelesen, sondern warte auf die Buchausgaben. Also ich wünsche Ihnen alles Beste zum neuen Jahre, hochgeachteter Landvogt von Husum, sowie Ihrem ganzen Hause ...

Ihr getreuer
G. Keller.

An Theodor Storm

Zürich, den 26. Februar 1879.

Ihr Brief, liebster Freund, so willkommen er mir ist, hat mich doch in ärgerlicher Weise an meiner Saumseligkeit ertappt, mit welcher ich seit Monaten mit einem Briefe an Sie laborierte. Der Winter ist mir zum ersten Mal fast unerträglich geworden und hat fast alle Schreiberei lahmgelegt. Immer grau und lichtlos, dabei ungewöhnlich kalt und schneereich, nach vorangegangenem Regenjahr, hat er mir fast täglich namentlich die Morgenstunden vereitelt. Ein einziges Mal hatte ich neulich ein Frühvergnügen, als ich eines Kaminfegers wegen um vier Uhr aufstehen mußte, der den Ofen zu reinigen hatte. Da sah ich das ganze Alpengebirge im Süden, auf acht bis zwölf Meilen Entfernung, im hellen Mondscheine liegen, wie einen Traum, durch die vom Föhnwinde verdünnte Luft. Am Tage war natürlich alles wieder Nebel und Düsternis ... Ich wünsche Ihnen Glück zu Ihrem Landkaufe und Baumpflanzen; wer die Mutter noch hat, darf wohl noch Bäume setzen; warten Sie aber womöglich nicht zu lange, bis Sie bauen. Die Gesetzänderungen, welche Ihnen so mal à propos noch auf den Hals fallen, soll auch der Teufel holen, so zweckmäßig sie sein mögen. Ich habe vor zehn Jahren etwas Ähnliches erfahren: Gerade als ich in mein Amt so voll eingeschossen war, daß ich Aussicht hatte, etwas Muße zu gewinnen, gabs eine trockene, aber radikale Staatsumwälzung, eine neue Verfassung wurde gemacht, infolgedessen eine Reihe neuer Gesetze, so daß ich neben den laufenden Geschäften zwei Jahre lang fast Tag und Nacht Schwatzprotokolle zu schreiben hatte, die nachher zur Interpretation dienen sollen, wenn die Esel nicht mehr wissen, was sie gewollt haben. Da war es denn mit der Dichterei wieder fertig, besonders da die zweite Staatsschreiberstelle auch abgeschafft wurde und ich als einziger und unteilbarer Skribar dastand, weshalb Ihre Adressen auch nicht mehr richtig sind. Ich möchte Ihnen bei diesem Anlasse auch belieben, fragliche Titulatur überhaupt abzuschaffen, sintemalen dieselbe in der knauserigen Republik keine Pension einträgt ...

... Da wir an Geldsachen sind, will ich gleich noch einen wichtigen Punkt zur Sprache bringen. Sie haben nämlich schon einige Male Ihre Briefe mit Zehnpfennigmarken frankiert, während es nach außerhalb des Reiches zwanzig sein müssen. Nun habe ich eine Schwester und säuerliche alte Jungfer bei mir, die jedesmal, wenn sie das Strafporto von vierzig Pfennigen in das Körbchen legt, das sie dem Briefträger an einer Schnur vom Fenster des dritten Stockes hinunter läßt, das Zetergeschrei erhebt: »Da hat wieder einer nicht genug frankiert!« Der Briefträger, dem das Spaß macht, zetert unten im Garten ebenfalls und schon von weitem: »Jungfer Keller, es hat wieder einer nicht frankiert!« Dann wälzt sich der Spektakel in mein Zimmer: »Wer ist denn da wieder?« (An Ihren Beraubungen haben Sie nämlich Konkurrenz in den österreichischen Backfischen, die an alle Dichter der letzten jeweiligen Weihnachtsanthologie um Autographen schreiben, sofern der Wohnort des betreffenden Klassikers aus dem Buche ersichtlich ist.) »Den nächsten Brief dieser Art«, schreit die Schwester fort, »wird man sicherlich nicht mehr annehmen!« - »Du wirst nicht des Teufels sein!« schrei ich entgegen. Dann sucht sie die Brille, um Adresse und Poststempel zu studieren, verfällt aber, da sie meine offenstehende warme Ofenröhre bemerkt, darauf, die Erbssuppe von gestern zu holen und in die Wärme zu stellen, so daß ich den schönsten

Küchengeruch in mein Studierzimmer bekäme, was sonderlich für den Fall eines Besuches angenehm ist. »Raus mit der Suppe!« heißts jetzt, »und stell sie in deinen Ofen!« »Dort steht schon ein Topf, mehr hat nicht Platz, weil der Boden abschüssig ist!« Neuer Wortkampf über die Renovation des Bodens, endlich aber segelt die Suppe ab, und die Portofrage ist darüber für einmal wieder vergessen; denn mit der Suppe hat Angriff und Verteidigung, Sieg und Niederlage gewechselt. - Haben Sie also die Güte, der Quelle dieser Kriegsläufte nachzugehen und sie zu verstopfen ...

Ich danke für Ihre Jahreswünsche gar herzlich und hoffe, daß ich in der Tat einen Ruck vorwärts tue mit meinen Lebensrestanzen; denn der Handel fängt doch an, unsicher zu werden, lind ein Altersgenosse nach dem anderen wird kampfunfähig oder segelt gar von dannen. Ihnen wünsche ich gleichfalls das Beste. Mögen Ihre Bäume lustig gedeihen und zugleich die Mama noch gute Frist gewinnen, daß Sie nicht wegziehen; so ist die richtige Spannung vorhanden, wie mir scheint.

Ihr
G.Keller.

An Eduard Münch in Neuyork

Münch, von Beruf Kupferdrucker, ein Jugendfreund Kellers, war 1854 nach Amerika ausgewandert.

Enge-Zürich, den 12. Oktober 1879.

Lieber alter Freund!

Immer mit Buchschreiben beschäftigt (das ich aber nicht mit Dampf betreibe), bin ich dies Jahr mit allen meinen Briefen in Rückstand geraten und habe auch Dich über Gebühr warten lassen, obgleich die Schwester oft genug gemahnt hat. Deine Briefe und Photographieen haben wir jedesmal mit Dank erhalten, und das um so herzlicher, als uns allmählich alles entschwindet, was wir in der Jugend gekannt haben. Wir haben auch mit Befriedigung erfahren, daß es Dir mit den Deinigen wohl ergeht und Du gesund und munter bist.

Unsere Mutter ist im Jahre 1864. gestorben, siebenundsiebzig Jahr alt, in der Zürcher Staatskanzlei, wo wir unsere Wohnung hatten.

Im Jahr 1876 habe ich nach fünfzehnjähriger Besorgung des Amtes die Stelle aufgegeben, um noch einige Jahre lediglich der Literatur widmen zu können, die uns jetzt bequem erhält. Leider werden wir den vollen Nutzen des ›Gewerbes‹ kaum noch selbst genießen können. Doch wenn ich vor der Regula sterbe, so kann sie jedenfalls existieren, solange sie noch lebt, sei es durch den Gesamtverkauf meiner Sachen oder durch eine zu stipulierende Jahresrente. An Verlegern fehlt es mir nicht. Längst hätte ich Dir einige meiner Bücher geschickt, wenn ich nicht gedacht hätte, der Zoll würde Dich mehr kosten, als sie wert sind. Jüngst habe ich aber gelesen, daß eine Erleichterung eingetreten sei durch den Weltpostvertrag und in Amerika Bücher als Kreuzbandsendungen gleich den übrigen Sendungen dieser Art zollfrei sein sollen. Sobald ich dessen sicher bin, werde ich Dir die Sachen stückweise so zuschicken. Ein verschlossenes Paket müßte immer noch verzollt werden.

Ich bin leider dick und rund, sonst aber gesund; Regula dagegen ist nicht am stärksten. Sie leidet etwas an Blutarmut und infolge früheren dicken Halses, der sich nach innen gezogen hat, an zunehmender Verengerung der Halsröhre, was ihr jetzt beim Treppensteigen schon Atemnot verursacht und noch gefährlicher werden kann.

Die Mutter ist auch an diesem Übel gestorben. Ich selbst werde meiner Komplexion nach die Wassersucht bekommen oder ein Schläglein erwischen. Übrigens besorgt die Schwester noch alle Hausgeschäfte und läuft auch selbst auf den Markt. Wir wohnen auf einer Anhöhe, dem sogenannten Bürgli, in Enge, zwanzig Minuten von der Stadt, ganz allein in einer geräumigen Wohnung von sechs Zimmern mit prächtiger Aussicht ringsum. Ich habe an meinem Arbeitstische den ganzen See mit Gebirge vor mir, sehe über die Stadt hinweg. Gegen Baden hinunter, in das Sihltal und an den Ütliberg hinüber sieht man von den andern Fenstern aus. Wir zanken zuweilen über die Häuslichkeiten. Regula will keine Dienstboten leiden, und doch ermüdet sie die Sache zu sehr, und kann es jedenfalls nicht lange mehr so fortgehen. Neulich hatte sie ein schönes Stück Arbeit. Meine Freunde hatten zur Feier meines sechzigsten Geburtstages ein üppiges Mittagessen in einem Gasthause veranstaltet, das von zwei Uhr bis um zehn Uhr abends dauerte. Die ganze Gesellschaft, jung und alt, achtzehn Mann, war schließlich besoffen. Ich fuhr als der allerletzte nach Haus und verschmähte jede Begleitung. Als ich aber am Fuße unseres Hügels ausstieg, regnete es in Strömen, und ich purzelte auf dem kurzen Wege bis zum Haus drei- oder viermal in den Dreck, so daß die Regula den Rock auswaschen und herstellen mußte und fortwährend schimpfte: ich hätte nicht den besten anzuziehen gebraucht. Da hast Du ein kleines Bildchen unserer Lebensart ...

So viel für einmal. Wenn ich die Bücher schicke, will ich wieder schreiben, was Du auch tun kannst. Die Briefe sind jetzt ja wohlfeil. Regula grüßt bestens; sie schreibt so wenig als möglich, da sie's nie so recht gelernt hat.

Also sei mit den Deinen gegrüßt von

G.Keller.

An Marie von Frisch

Zürich, Weihnacht 1879.

Verehrte Frau Professorin!

Ich will diesmal Ihnen *a tempo* antworten, damit es überhaupt geschieht; denn seit einem Jahr habe ich einen förmlichen Briefbankerott gemacht und wickle mich nur langsam aus demselben heraus. Es würde vielleicht auch jetzt noch nicht besser, wenn die Briefe auf diese Art schließlich nicht auch ausbleiben, das heißt die, welche ich bekommen soll, und das würde mir nicht konvenieren. Es ist daher artig von Ihnen, daß Sie mich dennoch mit einem Ihrer Schwalbenschwänze bedacht haben, wie Dilthey Ihre Briefchen nennt, und ich will das Beste versprechen, vorläufig Ihnen und Euch allen anwünschen auf den Jahreswechsel. Dem Adolf will ich schreiben, sobald ich die Zeichnung fertig habe, die ich ihm versprochen. Einige Stunden werden sich wohl endlich finden, sobald ich den dämonischen Simpel, den ›Grünen Heinrich‹ aus dem Hause habe, der mich seit einem Jahr bald melancholisch macht mit der Überarbeitung. Wenn ich auch so eine Menge Zeit verliere, so mag ich doch aus Gewissenhaftigkeit das Malzeug nicht hervorkramen, solang eine verakkordierte Arbeit nicht fertig ist; es ist eine Marotte, aber es ist so; denn ich hätte dabei ein Dutzend Zeichnungen machen können.

Mit Vergnügen vernehme ich, daß Sie mit Mann und Kindern wohlauf sind. Zu demjenigen, was das Adolfsche Paar aufgebracht hat, lasse ich nachträglich Glück wünschen; mein Segen bleibt ihm aufgehoben.

Was mich betrifft, so habe ich einen schlechten Winter zu bestehen seit bald vier Wochen, da unsere Wohnung bei der ungewöhnlichen Kälte, zum ersten Mal seit fünf Jahren, sich als unträtabel erweist und zudem meine Schwester glauben würde, die Welt ginge unter, wenn wir das schone Holz, das im Sommer schon zu diesem Behuf zugefahren wurde, jetzt wirklich aufbrauchen würden. Dafür ist ihr ein Fäßchen Sauerkraut, das sie im Herbste eingemacht hat, zugrunde gegangen, was sie gestern entdeckte, als sie in den Keller ging, um auf heute am Weihnachtstag zum ersten Mal davon zu lochen. Es sei ganz schwarz, sagte sie, und nicht zu brauchen. Ich riet ihr, es im Sommer auf die Bleiche zu legen, vielleicht könne man es spinnen und nachher weben! ...

Sempers Tod wird Euch auch betrübt haben; ich kann mich jetzt noch nicht recht darein finden, wenn ich daran denke, wie oft er einem so unbefangen und anspruchslos nahe gewesen ist, inmitten einer aufgeblasenen Welt.

Leben Sie, versehen mit meinen besten Wünschen, samt Haus und Hof wohl und glücklich ins neue Jahr hinüber, und behalten Sie die wohlwollende Gesinnung gegen Ihren alten

G. Keller.

An Paul Heyse

Am 19. Juli 1879 war Kellers 60. Geburtstag von den Züricher Freunden mit einem auserlesenen Festessen gefeiert worden.

Zürich, den 16. März 1880.

Liebster Freund!

Als sich nach meinem letztjährigen Geburtstagsschwindel das Kopfweh allmählich verzogen hatte und ich Dein freundliches Telegramm zum Angedenken weglegte (nebst einigen Flaschenetiketten, so meine sauberen Freunde mit Zitaten aus meinen ungesammelten Werken geziert hatten), sah ich in meinem Nachschlagewerk nach, wann eigentlich Dein Geburtstag sich abzuspielen pflege. Ich fand den 15. März. Als ich einige Zeit später herausklügelte, daß der diesjährige Tag, der dem Cäsar den Tod gebracht, Dich mildiglich um die Ecke des halben Jahrhunderts herumschiebe, und als ich bald darauf eines Abends spät aus dem Wirtshaus kam, machte ich in vorsichtiger Begeisterung nachstehenden Vierzeiler auf Vorrat, um ganz sicher Dich telegraphisch damit überfallen zu können. Eine etwas geistreichere Ausgestaltung behielt ich mir vor. Bis vor acht Tagen behielt ich beides im Auge, dann – kurz, heute, den 16. März, gewahre ich, daß gestern der 15. gewesen ist!

Genug! Du verstehst mich! Doch sollst Du nicht ganz darum herumkommen; das Telegramm würde so gelautet haben, wenn ichs nicht verschlafen hätte:

Hier auch ein Blättlein Deines Kranzes!
Ein halb Jahrhundert ist kein ganzes;
Ein Doppelbecher sei Dein Leben.
Wend um, trink fort, gieß nicht daneben!

Dein überall zu spät kommender Freund und Bruder

Gottfr. Keller.

An Wilhelm Petersen

Regierungsrat in Schleswig; begeisterter Verehrer Kellers.

Zürich, den 21. Oktober 1880.

Verehrter Freund!

Ich gebe heut endlich den ›Grünen‹ auf die Post und wünsche ihm glückliche Reise und nachsichtigen Empfang. Daß die Judith am Schlusse noch jung genug auftritt, statt als Matrone, wie beabsichtigt war, hat sie Ihren derselben so gewogenen Worten zu danken. Ich wollte mich selbst am Jugendglanz dieses unschuldigen, von keiner Wirklichkeit getrübten Phantasiegebildes erlustieren. Gern hätte ich sie noch einige Szenen hindurch leben lassen; allein es drängte zum Ende, und das Buch wäre allzu dick geworden. Jetzt mach ich Novellen, die im Januarheft der ›Deutschen Rundschau‹ beginnen sollen. Auf den i. April 1881 habe ich die jetzige Wohnung gekündigt und werde Sie in einer andern empfangen müssen, die noch nicht gewählt ist. Die Lage war meiner Schwester zu beschwerlich, und ich selbst habe manches versäumt, da ich mich immer nur ungern zum Gange in die Stadt entschloß. Es hat etwas Unbequemes, in diesen Jahren so herumwandern zu müssen; allein das Ganze ist ja doch nur ein Bummel, und am Ende kommt die Ruhe. Ich habe mich einem Leichenverbrennungsverein angeschlossen; es will aber nichts daraus werden. Ich glaube, die Lumpen fürchten am Ende, es mache zu heiß, daß sie's noch verspüren könnten!

Leben Sie mit den Ihrigen einen guten Winter, wozu ich hübsche Morgenröte und warme Abendstunden wünsche! Was mich betrifft, so gedenke ich etliche vergnügte Schoppen bei biederem Gespräche auszustechen!

Paul Heyse ist jüngst mit seiner schönen und feinen Frau zweimal durchgereist; wir brachten jedesmal einige Stunden miteinander zu und gedachten auch eines gewissen Regierungsrates im Norden. Seien Sie herzlichst gegrüßt und bleiben gewogen

Ihrem ergebenen
Gottfr. Keller.

An Marie von Frisch

Zürich, den 21. November 1880.

Verehrte Frau Professorin!

Mit einer Zigarre bewaffnet, am dunkelsten Sonntagmorgen, mache ich mich endlich daran, Ihre große Freundlichkeit, die gar nie daneben trifft, mit einem schwachen Versuch der Dankbarkeit zu beantworten. Es ist sehr schön von Ihnen, daß Sie sich durch meine Schreibfaulheit nicht davon abhalten lassen, meiner zu gedenken, und Sie können sicher sein, daß ich es im stillen stets verdiene, soweit ein alter Schlingel, der noch allwöchentlich einmal die Nacht durchkneipt, überhaupt etwas verdienen kann. Die Blümchen, die Sie mir letzte Weihnachten gesandt, standen den ganzen Januar auf meinem Schreibtische, und das grüne Regenbogenkrügelchen beherbergte seither einmal drei schöne Narzissen, ein ander Mal eine Levkoje und so weiter. Ich danke Ihnen auch schönstens für die zierliche Photographie Ihrer Vermummung mit dem allerliebsten

Läusemützchen; das Profil ist noch ganz so sein wie vor acht oder weiß Gott wieviel Jahren, beinah noch jünger; es tut aber nichts, der Totenkopf wird schon noch kommen, eh wirs uns versehen ...

Es tut mir sänftlich wohl, daß Ihnen der ›Grüne Heinrich‹ nicht mißfällt in seiner jetzigen Gestalt, nachdem ich ihn mühsam genug gestriegelt und gewaschen habe. Sonst scheint mir nicht viel Vergnügen daraus zu erwachsen, denn nun kommen die sogenannten Kritiker, und, anstatt das jetzige Buch aus sich heraus zu beurteilen, vergleichen sie es in philologischer Weise mit dem alten, um ihre Methode zu zeigen und zerren so das Abgestorbene herum und lassen das Lebendige liegen; denn das verstehen sie ja einmal. Es ist ungefähr die Situation, wie wenn man im Garten einen alten Mops begräbt, und es kommen nächtlicherweile die Nachbarn, graben ihn wieder aus und legen das arme Scheusal einem vor die Haustür und so weiter.

Dagegen entnehme ich mit Vergnügen Ihrem Briefe, daß der Herr Professor und die Kinder gesund und frisch sind. Ich gebe den Gedanken nicht auf, nochmals im Sommer einen Gebirgsaufenthalt mit Euch zu machen. Jagen kann ich zwar immer noch nicht; auch das Kegelschieben geht nicht besser. Ich bin aber inzwischen Ehrenmitglied einer uralten Gesellschaft von Artillerieoffizieren geworden, die jeden Sommer ein feierliches Bombenschießen abhalten. Da muß ich auch meinen Schuß tun, den Mörser ausputzen, Pulver hinein und dann die Bombe wie ein Kindskopf draufsetzen und anzünden. Das erste Mal, wo sie mir das Geschütz sorgfältig richteten, gewann ich die erste Ehrengabe; das zweite Mal, wo ich meinen Mörser, den ›Iltis‹, selbst richtete, bekam ich nichts als einen Katzenjammer vom nachfolgenden Bankett! So wickelt sich das Leben in verschiedentlich dankbarer Tätigkeit ab, wobei wir es bis auf weiteres wollen bewenden lassen. Leben Sie recht froh und gesund mit allen Ihrigen, die ich herzlich grüße, und bleiben Sie stets gewogen

Ihrem
G. Keller.

An Marie Melos

Schwägerin von Ferd. Freiligrath.

Zürich, den 29. Dezember 1880.

Hochverehrte Fräulein und teuerste Freundin!

... Herr Weibert hat mir geschrieben, er werde Ihnen ein Exemplar des ›Grünen Heinrichs‹ senden, der erst im Spätherbst fertig geworden. Das Buch ist von der Mitte des dritten Bandes an neu geschrieben; Sie brauchen also das frühere nicht zu lesen. Ich habe allerlei hineingeflunkert, um es deutlicher zum Roman zu machen; denn noch immer gibt es Esel, die es für bare biographische Münze nehmen. Das Tollste ist, daß jetzt, nachdem ich ein Jahr redlich daran gearbeitet habe, um allerlei Ungeschmack auszumerzen, und nachdem fünfundzwanzig Jahre lang die Leute sagten, der Tod des Heinrich sei unmotiviert und gewaltsam, Kritiker kommen und behaupten, er *müsse* tot bleiben, und die alte Ausgabe sei besser. So geht es mir wie dem Bauern in der Fabel, der mit seinem Sohn und seinem Esel zu Markt ging und zuletzt dazu kam, mit dem Sohne den Esel zu tragen.

Ich bin jetzt etwas fleißiger als vorigen Winter. Ich schmiere frische Novellen in die ›Deutsche Rundschau‹, die vom Januar bis April oder Mai monatlich fortgesetzt werden. Da es ein Buch daraus gibt, so werden Sie das Zeugs auch noch zu lesen bekommen, wenn Sie mir bis dahin gewogen bleiben. Haben Sie einen schönen Sommer und Herbst gehabt?

Es dunkelt, und ich muß in die Stadt, um eine kalte Pastete und eine Torte für die nächsten Tage zu bestellen, sowie Konfekt für zwei Patenkinder. Denken Sie sich die Schändlichkeit: erst in den letzten Jahren bin ich wiederholt zu Gevatter gebeten worden; ich mußte in der Kirche herumstehen, Knickse machen und jetzt alljährlich auf Geschenke denken, Schaumünzen oder Sparbüchsengeld einwechseln und so weiter, kurz, was einen armen alten Kerl nur ärgern kann.

Verleben Sie ein friedliches und süßes Neujahr, und verdienen Sie sich ferner den Himmel an mir, als

Ihrem treu ergebenen
Gottfr. Keller.

An Wilhelm Petersen

Zürich, den 21. April 1881.

Mein lieber Herr und bester Freund!

Da Sie nicht nur die Fische des Meeres, sondern auch die Vögel der Luft gegen mich absenden, so muß ich den Vorsatz, an Sie zu schreiben, endlich zur Tat werden lassen. Seit Neujahr habe ich alles Briefschreiben und Privat- und Freundschaftssachen wieder einmal müssen liegen lassen, nicht weil ich nicht manche müßige Stunden und Tage dazu gefunden hätte, sondern weil gerade das Brief-schreiben *con amore* mit dem Schriftstellern zu nah verwandt ist, wenigstens wie ich dieses treibe, und daher ein Allotrion zu sein scheint, wenn die Setzer auf Manuskript lauern. Der eigentliche Müßiggang aber, bestehe er in Lektüre oder in irgend einer anderen eigensinnigen heterogenen Übung, trägt immer seine göttliche Be-rechtigung des Daseins ›an sich‹ in sich. Und so scheut man sich, Briefe zu schreiben, indessen man sich nicht entblödet, plötzlich ein historisches Kapitel zu studieren oder ein paar Tage zu zeichnen und dergleichen.

Also die zierlichen Kiebitzeier sind glücklich angekommen und in ihrer ganzen Schmackhaftigkeit verzehrt worden, nicht ohne einiges Mitgefühl an den Hervorbringern, denen so räuberisch zu Nest gestiegen wird. Mit der Adresse meines herzlichen Dankes bin ich etwas verlegen; denn eine auf dem Kistchen haften gebliebene Adresse zeigt an, daß die Nordfrüchte rechtmäßig zuerst der Frau Gemahlin angehört haben. Ich kann nicht untersuchen, ob eine Ge-walttat in Form einer Besteuerung oder einer einfachen Wegnahme, Konfiskation, oder einer Überredung, eine gütliche Transaktion stattgefunden hat, und bitte nur, meinen Dank nach dem Gebote Ihres Gewissens ausrichten und verteilen zu wollen! -

Ihre und Freund Storms Weihnachtsfreuden habe ich voll Teil-nahme aus der Ferne mitgetan; dergleichen scheint blühender und intensiver zu werden, je weiter hinauf es nach Norden geht, und der goldene Märchenzweig schimmert gar feierlich herüber, nur weiß ich nicht, auf welche Art die Lärchennadeln vergoldet sind. Ein bloßes Anwerfen von Goldschaum wird schwerlich genügen. Ihr Treiben mit den Kindern am Neujahrsmorgen hat mich wieder recht erbaut. Sie sammeln ihnen den schönsten Schatz von Erinnerungen, der fast notwendig spät noch Früchte tragen muß ...

Ihre Äußerungen wegen des pathologischen Zuges, der Ihnen eigen sei, berühren schmerzlich, weil Sie einen Zug, den viele unbewußt haben, mehr fühlen als die anderen. Mehr oder weniger traurig sind am Ende alle, die über die Brotfrage hinaus noch etwas kennen und sind; aber wer wollte am Ende ohne diese stille Grundtrauer leben, ohne die es keine rechte Freude gibt? Selbst wenn sie der Reflex eines körperlichen Leidens ist, kann sie eher vielleicht eine Wohltat als ein Übel sein, eine Schutzwehr gegen triviale Ruchlosigkeit ...

... Die Sinngedichtsnovellchen, deren Anfang Sie gelesen, gehen im Maiheft der ›Rundschau‹ zu Ende. Ich bin jetzt an der Sammlung und Korrektur meiner sämtlichen lyrischen Sünden begriffen, ein bedenkliches Unterfangen; doch kann ich nicht mehr warten, sonst bring ich nichts mehr zustande. Dann denke ich auf einen kleineren Roman, von dem ich aber noch nicht viel zu sagen weiß.

Nochmals Dank also für alle Ihre Güte und Freundlichkeit und eine schöne Empfehlung an die verehrte beraubte Frau Regierungsrat.

Ihr alter
G. Keller.

An Wilhelm Petersen

Zürich, den 21. November 1881.

Verehrter Freund!

Jetzt wird Ihr geliebter Winter bald da sein, wo Sie mit den Kindern die Abenteuer in dem Schneewald wieder aufnehmen können. Hier haben wir schon mehrere Wochen jeden Tag Nebel und Sonnenschein und warmes Wetter; ich selbst aber war lange von Katarrh und fliegenden Rheumatismen geplagt, so daß ich beinah ängstlich geworden wäre, da die alten Kerle bei solchen Gelegenheiten gern etwa eine tödliche Lungenentzündung und dergleichen erwischen. Allein gerade die sehen es ja nie kommen und wissen kaum, wie sie dazu gelangten, und so hat sich die Sache unversehens verzogen.

Ihre Fischlein sind seinerzeit schönstens angelangt und wir danken Ihnen, die Schwester und ich, neuerdings herzlichst für die unerschöpfliche Güte und Freundlichkeit ...

Bei den neulichen Nachrichten von der Wassersnot in Schleswig-Holstein habe ich sogleich an Sie und Storm gedacht. Sie werden jedenfalls amtlich zu tun bekommen haben ...

Das ›Geteilte Herz‹ hat mir auch sehr gefallen; es ist eine sehr gute Novelle in ihrer Art, obgleich ich für das Problem derselben nicht gerade schwärme. Indessen verstehe ich als ›lediger Geist‹ davon nichts. Ich war immer nur einspännig und ausschließlich verliebt in jungen Jahren und kann durchaus nicht sagen, wie es gegangen wäre im Falle einer Verheiratung.

Ob ich noch einmal Berlin besuche, weiß ich nicht, so sehr es lockt. Wenn man nur nicht das Handwerk dort grüßen müßte, welches zum Teil von einem albernen Weltstadtdünkel erfüllt ist, obgleich die einzelnen die alten Kleinbürger sind, die sie vorher gewesen. Die Menge tuts eben nicht immer.

Empfehlen Sie mich freundlich der Frau Gemahlin und leben Sie recht *con amore*, wenn die Geschäfte vorbei sind!

Ihr getreuer
G. Keller.

An Marie von Frisch

Am 9. Dezember war in Wien das Ringtheater niedergebrannt.

Zürich, den 16. Dezember 1881.

Verehrte Frau Professorin!

Ich bin ungewiß, ob ich Ihnen in diesem Augenblick beiliegende leichte Ware auch zusenden soll und darf, da Sie durch die unerträgliche Katastrophe vom 9. Dezember ohne Zweifel mit den Ihrigen nicht minder in Aufregung und Trauer versetzt worden sind, als alle andern. Dazu steht die Unglücksstätte, wenn ich nicht irre, ziemlich in der Nähe der Josefstädterstraße.

Allein das Buch liegt so schon seit Wochen bereit, und wenn ich noch länger zögere, so verliert es noch sein bißchen Reiz der Neuheit, und für Sie ist es kein Zeichen freundlicher Aufmerksamkeit mehr.

Wenn Sie also irgend nicht gestimmt sind, dergleichen Zeug zu lesen, so lassen Sie es ruhig liegen, bis es besser kommt.

Ich hoffe indessen, Sie seien an dem Unglücke nicht durch Familien- oder Freundeskreise näher beteiligt. Auch sonst vermute ich, daß Sie, Herr Professor und die Knaben gesund und munter seien, und wünsche Euch allen jetzt schon ein glückliches Neujahr, da ich die Gratulationen auf den Tag abgeschafft habe, indem ich einem Verein zur Erleichterung der geplagten Postbeamten beigetreten bin.

Wie geht es Ihnen im übrigen? Meinerseits habe ich das Alter meiner Gesellschaftsfreunde um dreißig Jahre reduziert, lasse die Siebziger und Sechziger sitzen und gehe mit fünfunddreißigjährigen jungen Gelehrten und so weiter um, oder dulde höchstens etwa einen Vierziger darunter. Samstags nachts ist der Hauptsabbat, da wird bis zwei oder drei Uhr aufgeblieben und gelacht oder diskutiert, wobei ich das Neuste höre. Letzten Sommer ging ich immer in der Sonntagsfrühe mit dem Vögelgesang nach Hause, was sehr lustig war. Oft aber vergehen drei Tage, ohne daß ich vor die Türe komme. Ihre Herren Söhne, deren glaub ich zwei oder drei sind, werden vermutlich begonnen haben, das Aprikosenbäumchen im Garten zu besteigen; die Zeit vergeht doch rasch mit solch lebendigen Uhrmännchen. Drum muß man sich oben halten, sonst ist man verloren. Bleiben Sie nur recht frohherzig und lassen sich nichts abgehen. Wir wollen auch noch einmal an den Mondsee gehen, wo man das Geld kann im offenen Kasten liegen lassen, ohne daß es angerührt wird. Tausend Grüße also dem ›Herren und der Frau‹, wie man hierzulande sagt, von dem alten Mummelgreischen

Gottfried K.

An Theodor Storm

Zürich, den 29. Dezember 1881.

Lieber Freund und Mann zu Hademarschen!

Ihrem frohgemuten Briefe vom 27. November sind bald die beiden Doppelbände der Gesamtwerke nachgefolgt, und ich habe die einzelnen mir schon bekannten Kleinode aufmerksam gezählt und beguckt, eh ich sie zu den übrigen in den Schrein stellte. Die Erinnerungen an Mörike las ich freilich vorher durch, da sie mir so gut wie neu waren. Wie gewohnt, wenn die Rede von ihm ist, lief ich wiederholt nach seinen Bänden, um mich dieser und jener Stelle gleich zu versichern und halbe Stunden lang fortzulesen ...

Ihre Weihnachtsfreuden haben Sie nun hinter sich und das behagliche Wohlleben der Neujahrstage und so fort noch vor sich, wozu ich meine Glückwünsche rück- und vorwärts beitrage ...

Auch zu dem Herrn Pastor, Ihrem Schwiegersohn, gratuliere ich schönstens. Ein solch stattliches Familienstück gehört unter die Johann Heinrich Voßschen Himmelsstriche.

Was Sie mir als Menschenmangel anmerken wollen, versteh ich nicht recht. Ich lebe gesellschaftlich mit allerlei Leuten alten und neueren Datums. Das sogenannte Handwerk allerdings vermeide ich, wenn es nicht mit der erforderlichen einfachen und loyalen Menschennatur verbunden ist. So war ich in Verlegenheit, mit welcher der gelehrten und ungelehrten Gesellschaften Zürichs ich den üblichen Neujahrsschmaus einnehmen wolle, und habe mich für das Artilleriekollegium entschieden, jene zweihundertjährige Gesellschaft, die im Eingang der ›Zürcher Novellen‹ geschildert ist und mich dafür zu ihrem Mitglied ernannt hat. Ich habe auch schon zweimal im Juni mit den Herren aus Mörsern (Kruppschen) nach der Scheibe geschossen und ein paar gute Schüsse abgegeben, die man mir natürlich gerichtet hat. Da werde ich am 2. Januar, dem Berchtoldstage, der ein uralter Freudentag hier ist, mitten unter alten und jungen Artillerieoffizieren sitzen und Rheinwein aus silbernen Pokalen trinken. Heut abend soll ich zu einer großen Liedertafel gehen, die ihren vierzigjährigen Bestand feiert, und so ist immer was los, wenn man Lust hat ...

Leben Sie glücklich in das neue Jahr hinein mit allen Ihrigen.

Der alte
G. Keller.

An Adolf Erner

Zürich, den 15. Januar 1882.

Verehrter Freund!

Der Kartonkasten, den Sie mir gesendet, ist so praktisch, daß ich gleich die Briefhaufen der letzten paar Jahre, die meine Tische belästigten, aufgeräumt und hineingepackt habe, so daß ich die Bescherung zu den andern alten Schachteln und Kartons rangieren konnte. Hieraus können Sie entnehmen, wie dankbar ich erst für den Inhalt war und bin; denn wenn Sie glaubten, daß ich die Schachtel zurückgebe, so waren Sie im Irrtum. Um so fröhlicher danke ich Ihnen für das Licht, das Sie mir aufgesteckt haben; es steht artig genug auf dem Rauchtischchen und ist wirklich hübsch gemacht. Die luxuriöse Mappe wandle ich in einem Briefe an die Frau Schwester gleichzeitig ab und lasse die Begeisterung auch noch über diesem Briefe abträufeln. Das dicke schöne Papier darin werde ich mit irgend etwas mir noch Unbekanntem beschreiben, anstatt es als Löschpapier zu benutzen, und zwar mit Bleistift.

Mit dem italienischen Schwindel ist es dies Jahr für mich noch nichts; es würde mich zu stark von der Arbeit abziehen und das Ende unsicher machen. Ich mache nämlich vorher einen einbändigen kleinen Roman fertig und bin am Redigieren der Sammlung dessen, was ich in Versen gehudelt habe, was unter allen Umständen dies Jahr getan sein muß.

Eher könnte ich wahrscheinlich im Spätsommer auf den alten steinigen Wegen Oberöstreichs und so weiter wieder einmal herumstolpern ...

Mit dem ›Sinngedicht‹ geht es gar nicht übel, es wird soeben die dritte Auflage gedruckt; am Ende geht mir noch die Sonne des Geldprotzentums auf, und ich werde fromm und scheinheilig.

Daß von der löblichen Ernerei niemand durch den sel. Offenbach in die Hölle des brennenden Ringtheaters gelockt worden sei, habe ich mir eigentlich vorher gedacht, und so mögt Ihr ferner gesund und fröhlich auf dem rechten Pfade dahinwandeln!

Mit allen Grüßen
Ihr
G. Keller.

An Marie von Frisch

Zürich, den 20. Mai 1882.

Verehrtestes gnädiges Frauchen!

Wegen der Mappe haben Sie mich nun etwas beruhigt und meinen Schlaf, der sich um eine Viertelstunde verkürzt hatte, wieder hergestellt, so daß ich bereits über das Ziel hinausschieße und länger schlafe als vorher.

Aber mit der Sommerfrische hat es mir auf die Flinte geschneit, so daß ich nicht schießen kann. Meine Schwester ist seit dem Winter kränklich, und wenn es augenblicklich etwas besser ist, so kann ich sie doch nicht allein lassen, da man nie weiß, wann es wieder schlimmer wird. Sie hat nämlich gewisse Zerbrechlichkeiten in den Pumpschläuchen, die vom Herzen ausgehen, ist blutärmlich und atmungsnotdürftig und so weiter, dazu noch am Halse dick und will noch immer alles selbst machen. Auf den Herbst muß ich ernstlich nach einer näher an der Stadt und nicht so hoch gelegenen Wohnung umsehen; wir laborieren schon zwei Jahre daran; ich habe mich zu nichts entschließen können, weil ich nicht gern etwas nehme, wo man voraussichtlich das Leben auch wieder nicht beschließen kann. Finde ich aber etwas, so geht der Teufel mit den Vorarbeiten des Umzuges an, kurz, es ist nicht geraten, daß ich weggehe. Sie können sich denken, daß ich Eueren lockend freundlichen Vorschlag mit sehr betrübten Augen ansehe und, um ihn zu einer sauren Traube umzuwandeln, mir sage: ›Ei was, am Ende regnets wieder die ganze Zeit in jenen Kalkwänden um den Schafberg herum!‹

Sie Ärmste dauern mich sehr, daß Sie die Diphtheritis in den Kindern hatten, es ist gut, daß es so gut ablief. Ich leide hier auch daran, indem ich einige Befreundete besitze, die noch kleine Kinder haben und wo immer etwas los ist in der schönsten Abwechslung und auch gleichzeitig. Da ist man immer geniert, von einem Haus ins andere zu gehen, um das Gift nicht zu verschleppen und sich argwöhnisch befragen zu lassen. Zuletzt geht man gar nicht mehr in solche Fabriken.

Sonst geht es mir gut, ich bin ganz produktionslustig und habe ordentlich Berg an der Kunkel, altes und neues.

Nun leben Sie recht vergnügt und zufrieden im Gebirge, wenns losgeht. Sollte es im August schön Wetter und die Schwester leidlich gesund sein, wir auch nicht umziehen, so käme ich vielleicht doch auf acht Tage hingeschossen, wobei ich aber einfach ins nächste Wirtshaus ginge und durchaus nichts für mich bereitgehalten werden müßte oder dürfte.

Grüßen Sie alle bestens.

Ihr
G.Keller.

An Wilhelm Petersen

Zürich, den 21. September 1882.

Verehrter Freund!

Sie sehen, wie weit es kommt durch die Schreibverbote, die Sie den Freunden anlegen! Mißbrauch und Müßiggang sind aller Laster Anfang. Glücklicherweise steht jetzt der Umzugstrubel vor der Türe, und zum Aufräumen gehört auch das Abtragen der Briefschulden, damit die belasteten Gedanken frei werden und der nächsten Zukunft beispringen können ...

Sie haben auch vollkommen recht, wenn Sie bei mir Verständnis und Mitgenuß der Sommerherrlichkeit Ihres Landes voraussetzen, wie Sie dieselbe schildern, und ebenso recht haben Sie, wenn Sie weislich zur guten Jahreszeit dort bleiben, statt sich auf Bahnhöfen und in engen Berghotelzimmern herumzutreiben. Es will niemand mehr bei sich zu Hause im Sommer ›aufs Land‹ gehen und genießt so bald gar nichts mehr von der Natur.

Hier haben wir einen kompletten Regensommer; es sieht betrübt aus. Die Bauern sind vergrämt und wählen Leute in die Behörden, die den unreifen Trauben entsprechen, verwerfen alle Gesetze, die man vorlegt, und werden wahrscheinlich nächstens verlangen, daß die jährliche Festsetzung der Witterung jeweilig der Volksabstimmung unterbreitet werde, durch besondern Gesetzentwurf ...

Meine Schwester befindet sich seit dem Frühjahr wieder besser, was das Einzelbefinden angeht; sie bewegt sich herum und läßt niemand was machen. Allein die allgemeine Schwäche und Gebrechlichkeit ist geblieben und wird schwerlich mehr weichen. Sie hat eben den Teufel im Leib und will weder ruhen noch ›abgeben‹, aus dem falschen Instinkt, es würde dann fertig sein, und so kommen diese armen Geschöpfe aus dem *circulus vitiosus* nicht heraus. Trotzdem dankt sie bestens für Ihre freundlichen Grüße und erwidert dieselben geziemendlichst. Ich ersorge aus obigen Gründen die Umzugsgeschichte, da sie keine Idee davon hat, den ganzen Krempel jemandem zu übergeben und ihn ruhig machen zu lassen. Nachher, wenn ich erst im neuen Arbeitszimmer angesiedelt und eingerichtet bin, denke ich fest zu arbeiten und vor Torschluß noch etwas vor mich zu bringen. Nun will ich Sie, verehrter Freund, wieder Ihrem schönen musengesegneten Treiben überlassen und bitte Sie, mich Ihrer Frau Gemahlin samt Kindern in empfehlende Erinnerung zu bringen. Die Briefpausen sollen auch wieder kürzer werden.

Ihr grüßender
G. Keller.

An Theodor Storm

Zürich, den 22. September 1882.

Sie haben es, trefflicher Freundesmann, nicht gut gemacht mit Ihrem Unwohlsein; hoffentlich haben Sie noch einen Teil des Sommers gerettet, der nach einem Briefe unseres Petersen so schön war in dortigen Landen. Hier ist nichts als Regen und Regen seit Monaten; man bedauert nur die armen Touristen, die nicht so gescheit sind, wie Sie und Petersen, und in ihren idyllischen Heimatslandschaften fein zu Haus bleiben. Es kriecht übrigens alles durch das Gotthardloch nach jenseits, wo sie nun auch Überschwemmung haben. Ihren ›Hans und Heinz‹ werde ich mir sogleich zu Gemüt führen, sobald das Heft kommt. Es ist jetzt jedesmal eine Art Lebensfrage bei einer neuen Novelle. Was ists? Wie ists? und so weiter wegen der maßlosen Produktion, die sich jetzt breit macht. Die

Quelle originaler Anschauung und Erfahrung, das lebendige Blut fließt zwar nach wie vor selten genug; aber den Duktum hantieren sie bald alle gleichmäßig und schneiden einem dazu noch allerhand Knöpfe vom Rocke, die sie unverfroren auf ihren Kittel nähen. Da fragt man sich oft, ob es noch eine Aufgabe sei, den Kopf aus dieser Sündflut emporstrecken zu wollen. Nun, ich hoffe, mich an Ihrem Novum wieder zu kräftigen und zu erbauen ...

Ihr Erich Schmidt ist ein geistiger und liebenswürdiger Gesell. Er gehört zwar zu der Schererschen Germanistenschule, welche auch bei den Lebenden das Gras wachsen hört und besser wissen will, woher und wie sie leben und schaffen, als diese selbst. Allein die gleichen Leute haben ein frisches, unparteiisches und doch wohlwollendes Wesen; sie sagen ihr Sprüchlein, ohne sich im mindesten um Dank und Gegendienste zu kümmern, und am Ende haben sie wenigstens einen sicheren Standpunkt und eine Methode, welche besser ist als gar nichts, was bei den meisten Rezensenten der Fall ist ...

Mit den drei Auflagen des ›Sinngedichts‹ während des ersten halben Jahres, und zwar zu fünfzehnhundert die Auflage, hat es seine Richtigkeit, scheint aber jetzt genug zu sein. Der Verleger versteht jedenfalls den Handel und betreibt ihn auch gehörig. Er wird auch die Gedichte drucken. Leider muß ich jetzt mein armes Manuskript auf Wochen hinaus sistieren, da der Wohnungswechsel vor der Türe steht und schwerfällig genug ausfallen wird für uns zwei alte Leutchen. Die gute Schwester nimmt alles viel zu schwer und zu disputierlich. Sie befindet sich besser als im Frühjahr; allein sie ist eben im allgemeinen schwächlich geworden und ist *puncto* alte Jungfer auf die unglücklichere Seite dieser Nation zu stehen gekommen. Ihre freundlichen Grüße tun ihr gut und sie erwidert dieselben höflichst. Ich muß sie aber jedesmal mit einer gewissen Trockenheit anbringen, wenn sie wirken sollen.

Nun gehaben Sie sich wohl und seien Sie schönstens bedankt für Ihre Teilnahme.

Ihr
Gottfr. Keller.

An Wilhelm Petersen

Zürich, den 21. November 1882.

Da es dieser Tage bei uns zu schneien begann, so werden Sie, bester Freund, in Ihrem Norden jetzt wohl mitten in dem ersehnten schön duftenden Schnee sitzen, wozu ich alles Vergnügen wünsche. Wenn er in der Landschaft ganz und nicht fleckweise liegen bleibt, wie es bei uns der Fall ist, sobald ein bißchen West- oder Südwind kommt, so ist es auch eine schöne Sache.

Die kleine Arche umgekehrter Art, welche Fische aufs Trockene bringt, ist auch dies Jahr mit ihrer Besatzung glänzender Sprotten glücklich angekommen und mit dankbarem Herzen von dem alten Geschwisterpaar beim Abendtee vertilgt worden, worüber Sie uns den angemessenen Gefühlsausdruck gestatten wollen. Wir wohnen jetzt in der dem ›Bürgli‹ gegenüberliegenden Gegend, Zeltweg-Hottingen, in einer bebauten Vorstadtstraße mit Vorgärtchen, so daß die Häuser nicht zusammenhängend gebaut sind. Allein Ausficht und Himmel sind dennoch flöten gegangen und ich bin gewärtig, ob ich noch ein Wohnsitzchen im Grünen erlangen kann. Etwas Landhausartiges war für das Geld, das ich verwenden kann, nicht zu kriegen; alles Neugebaute, das nicht eben für reiche Leute bestimmt ist, hat zu kleine Räume, und wo etwas gutes Älteres frei wird, kommt man immer zu spät, da unser Nest zu den langweiligen Vergrößerungspunkten gehört, wo von allen Seiten, trotz aller Krisen, stets neue Horden müßiger und unmüßiger Menschen zulaufen.

Der Umzug war eine große Peinlichkeit für mich, und ich verlor fast zwei Monate darüber. Zum Überfluß stürzte ich beim Einpacken von der Bücherleiter, aus der Nähe der Zimmerdecke, auf den Boden den Kopf aufschlagend, herunter, so daß mir leicht das Lichtlein hätte ausgeblasen werden können. Doch ging die Wunde zwar bis auf den Knochen, letzterer aber blieb ganz, und die Geschichte war in zehn Tagen zugeheilt ...

Meine Gedichte sind schon zu einem ansehnlichen Manuskript angewachsen, dessen Wachstum aber durch den Wohnungswechsel unterbrochen worden. Sie werden im Frühjahr, wahrscheinlich in Berlin, an den Tag kommen. Wenn Sie indessen etwas Schöneres lesen wollen, so lassen Sie sich die Gedichte meines Landsmannes

Conrad Ferdinand Meyer (Leipzig bei Hässel) kommen; es ist seit Jahren nichts so Gutes in Lyrischem erschienen.

Leben Sie mit den Ihrigen glücklich den geliebten Weihnachtstagen entgegen. Ihrem guten Julbruder Storm will ich heute auch noch schreiben und Euch dann Euerer goldenen Kindheit überlassen.

Ihr schönstens grüßender
Gottfr. Keller.

An Theodor Storm

Zürich, den 21. November 1882.

Liebwertester Freund und Storm!

Endlich fließt mein durch allerlei Trubel gestörtes Wässerlein wieder so ruhig, daß auch die leichten Briefblätter darauf schwimmen können, wie üblich. Mein Wohnungswechsel verlief widerwärtig und mühevoll. Das Gerümpel eines seit 1817 bestehenden Haushaltes mit noch dreißig Jahre älteren Nichtswürdigkeiten, die sich immer mitschleppen, war wie verhext und von Bosheit besessen. Beim Öffnen einer alten Schachtel fand ich unser ehemaliges Taufhäubchen von rotem Sammet, worin vermutlich die sechs ›gehabten‹ Kinder der Mutter getauft worden sind. Eine dabei liegende dicke seidene Fallmütze in Form einer Kaiserkrone war mir bekannt, und ich wußte, daß ich sie selbst getragen hatte. Nun gut, eine Stunde später purzelte ich von der Bücherleiter mit einem Arm voll Bücher hinunter und schlug den Schädel beinahe zuschanden; man mußte mir die Schramme zunähen. Es war Sonntags am 1. Oktober, nachdem ich, wie gesagt, vorher meine Kinderfallmütze in der Hand gehabt von Anno 1820 oder 21. In diese Ironie des Schicksals mischte sich noch ein Tropfen Selbstverachtung; denn die Schuld des Sturzes lag in einer meiner Charakterschwächen. Ich war in den Laden eines Schusters gegangen, um ein Paar warme Pantoffeln für den Winter zu kaufen; da er keine passenden von der verlangten Art hatte, ließ ich mir mit offenen Augen ein Paar aufschwatzen, das für meinen Fuß anderthalb Zoll zu lang war, eben weil ich nie den Mut habe, aus einem Laden wegzugehen, ohne zu kaufen. In diesen Pantoffeln blieb, wenn ich darin stand, vorn vor den Zehen ein leerer Raum, und auf diesen trat ich, als ich, von der Leiter heruntersteigend, die untere Stufe suchte.

Derlei Ärgernis hat mich denn auch verhindert, vor Mitte Oktober auf das Museum zu gehen und Ihre ›Kirchs‹ aufzusuchen. Und als ich die Hälfte gelesen und nach einigen Tagen wieder hinging, war der ›Westermann‹ des Monats verschwunden und ein neuer an der Stelle, ganz ausnahmsweise; denn gewöhnlich kommt das Heft immer zu spät. So habe ich einstweilen nur sehen können, daß Sie mit kräftiger Hand, wie immer, geschrieben oder vielmehr geschafft haben, und obgleich ich die harten Köpfe, die ihre Söhne quälen, sonst nicht liebe (als poetische Gestalten), so habe ich doch schon gesehen, daß die Sache hier so sein muß, um die neue Schöpfung Ihrer Resignationspoesie organisch zu gestalten. Ich habe das Ende der Novelle schnell angesehen und muß nun noch das Zwischenschicksal des Sohnes erfahren. Die Wendung mit dem unfrankierten Brief ist ebenso schauerlich als verhängnisvoll. Man fühlt mit, wie wenn der alte Geldtropf ein Schiff voll lebendiger Menschen in die brandende See zurückstieße. Ich werde mir das Heft nächstens mit Beschlag legen, sobald es der fortschlepperische Verehrer wieder abgeliefert hat.

Nun sind auch die Gedichte von Conrad Ferdinand Meyer erschienen. Sie sollten sich den Band ansehen oder vielmehr fest anschaffen; es würde Sie nicht gereuen, und Sie werden an diesen langen Winterabenden auch Ihre Damen mit mehr als einer guten Vorlesung regalieren können. Auch dem Herrn Sohn, dem Juristen, würden die Sachen Freude machen.

Übrigens wünsche ich Ihnen, wie Freund Petersen, ein ausgiebig genießliches, feierlich geschäftiges Herannahen der Jultage mit hundert Vorschmäcken, namentlich einen gelungenen Märchenzweig, und hoffe, daß das Notwendigste, eine gute Gesundheit, dermalen reichlich vorhanden ist. Schönste Grüße von

Ihrem
G.Keller.

An Maria Knopf

Maria Knopf hatte im August 1883 Keller eine Sendung Kirschwasser aus der Besitzung ihres Vaters im Schwarzwald gesandt. Ihr Vater war Senator der Stadt Frankfurt a. M.

22. Januar 1884.

Verehrtes Fräulein!

In Ihrem gütigen Briefe vom 16. November haben Sie eine so liebenswürdige und anmutige Schilderung von sich selbst gemacht, daß ich mich nicht sympathischer erweisen zu können glaubte, als wenn ich meiner Trägheit den Zügel schießen ließ, um die holde Bequemlichkeit, deren Sie sich so artig beschuldigen, zu überbieten. Das hatte ich zwar nicht einmal nötig; denn von meiner Faulheit zeugt ja schon der kleine Katalog meiner Ihnen bekannten Werke, den Sie mir mitteilten und der trotz seiner Kürze so vollständig ist, daß ich Ihnen nicht ein noch ungelesenes Buch senden konnte, das aus meiner Fabrik hervorgegangen!

Ich habe zwar immer vor, mich noch recht fleißig zu erweisen, wobei ich auf die Langeweile, Geiz, Eigensinn und andere Übel rechne, welche manchen alten Leuten anhaften und sie zur Tätigkeit anspornen; allein ich bin noch keineswegs sicher, ob die Torheiten bei mir einen so günstigen Verlauf nehmen werden.

Nun danke ich Ihnen aber auch allerschönstens für die neuste Güte und den freundlichen blumigen Weihnachtsgruß! Sie sind ja eine stete reizende Wandelbarkeit in aller Ruhe, deren Sie sich erfreuen! Aus einer würdigen Matrone, die ich mir vorstellte, ist ein Fräulein, sogar eine Senatorstochter geworden, aus der Gärtnerin vom Schwarzwald eine Zuckerbeckin (wie man hier zu sagen pflegt); denn ich bin schon so vorwitzig, mir einzubilden, daß das süße Hausgebäck unter Ihrer eigenen Aufsicht entstanden sei.

Die Vorstellung solchen Fleißes hätte mich fast verleitet, an einem kleinen Roman, den ich jetzt schreibe, rascher zu arbeiten und das tägliche Pensum zu vergrößern; jedoch fürchtete ich bei reiflicher Überlegung, Ihnen durch ein so tobsüchtiges Gebaren zu mißfallen, was ich nicht wünschte.

Soeben fällt mir ein, daß im letzten Spätjahr ›Gesammelte Gedichte‹ von mir erschienen sind, die zwar kein Damenbuch genannt werden können und zum guten Teil Ihnen schon bekannt sind. Ich werde mir daher erlauben, Ihnen den unförmlichen und sehr problematischen Band gelegentlich doch zu senden und Sie zu bitten, die alten, noch kruden Wildlinge, die Sie haben, dafür zu verbrennen.

Da der Januar noch nicht vorbei ist, so schließe ich meine herzlichsten Wünsche für gegenwärtiges Schaltjahr an. Möge dasselbe Ihnen seine 366 Sonnen wenigstens in der Seele schon und gleichmäßig heiter aufgehen lassen und über Ihrem und des Kaisers Reich freundlich hinweggehen.

Ihr mit größter Hochachtung ergebener

Gottfr. Keller.

An Ferdinand Weibert

Kellers Stuttgarter Verleger.

Zürich, den 12. Februar 1884.

Hochgeehrter Herr!

... Die Idee einer illustrierten Ausgabe von ›Romeo und Julie‹ trifft merkwürdig mit einem ganz gleichen Angebote des Friedrich Bruckmannschen Verlags in München zusammen, welches mir neulich gemacht wurde, eventuell mit dem Ersuchen um meine Vermittlung Ihrer Einwilligung. Ein Künstler, hieß es, sei bereits für die Sache gewonnen. Ich habe jedoch für meinen Teil die Zusage abgelehnt, um meine Vertragsverhältnisse nicht zu sehr zu komplizieren; wie ich denn überhaupt für die Zeitrichtung, die Literatur immer mehr an das Schlepptau der Illustration zu hängen, nicht gerade begeistert bin. Ich fürchte, das große Lesepublikum werde zuletzt das selbsttätige innere Anschauen poetischer Gestaltung ganz verlernen und nichts mehr zu sehen imstande sein, wenn nicht ein Holzschnitt daneben gedruckt ist ...

Mit vorzüglichster Hochachtung

Ihr ergebenster
G. Keller.

An Marie von Frisch

Zürich, 15. Februar 1884.

Verehrte Frau Professor!

Es ist sehr gescheit von Ihnen, daß Sie die saubere Aufführung nicht länger dulden wollen, der ich anheimgefallen, und so hab ich endlich, abends zehn Uhr, mir ein Glas Rotwein zurechtgestellt, eine gute Zigarre angesteckt und fange an zu schreiben. Allein freilich merke ich bereits, daß es mit der Zigarre nicht geht, und schwanke einen Augenblick, ob ich mich nicht lieber wieder hinsetzen und rauchen will; doch die Tugend und Freundschaft siegt, und so bleibt es dabei, daß ich schreibe.

Haben Sie also tausendmal Dank für das Christkindchen, die pompöse Türkenschere, die so spitzig ist, daß man zwei schöne Dolche davon machen könnte. Sie schmückt herrlich meinen Tisch neben dem Falzbeinsäbel Ihres tapfern Bruders. Ich erhielt die Sachen pünktlich am Neujahrsmorgen, als ich beim Frühstück saß und mich freute, daß es kein Spätstück sei; denn ich war in aller Mäßigkeit um zwei Uhr nach Haus gekommen.

Auch für die geschmackvolle Idee, mir ein Tanagrawesen zu schenken, bin ich herzlich dankbar; wenn Sie's aber auch fertig bemalen sollten, so müssen Sie es doch nicht schicken, da dergleichen bei mir nicht fortkommt. Die ›abstaubenden‹ Weibspersonen demolieren dergleichen unerbittlich und brechen alles, was vom Leibe absteht, so daß die armen seinen Ärmchen, Händchen und Füßchen überall in Schächtelchen und Schälchen herumliegen, weil sie mich wegzuwerfen dauern, während die verstümmelten Figuren sich nicht einmal mehr kratzen können, wenn sie's beißt.

Der Grund meines Schweigens war ein schändlicher Haufen von Briefen, die sich zur Beantwortung angesammelt und mich melancholisch machten, so daß ich einfach zu streiken anfing und die Gerechten mit leiden ließ. Ich laboriere jetzt noch daran. Es gibt Leute, die einen gar nichts angehen und sich förmliche Korrespondenzen erzwingen wollen. Das Schönste war vor Weihnachten eine Anzahl Exemplare meiner eigenen Gedichte, die mir zukamen, um je eine Dedikation hineinzuschreiben für die Frau, den Mann, den Onkel und so weiter. Das mußte ich dann wieder verpacken und auf die Post befördern. Einer schickte ein extra schön gebundenes Buch, das ich seiner Frau freundlich widmen sollte, die ich so wenig kannte als ihn selbst. Ich war auf dem Punkte, es Ihnen zu schicken, es war sehr hübsch aussehend, schrieb aber doch eine undeutliche Redensart hinein. Ein anderer hatte die Sache selbst besorgt und mit meinem Namen versehen, es als meine Handschrift ausgebend. Nachher bekam er Furcht, es möchte auskommen und der Friede gestört werden. Er kaufte ein neues Exemplar, und ein Dritter mußte es mir senden und mir den Kasus anvertrauen, damit ich die Sache gutmachte ...

Ihre und des Bruders Exemplare liegen längst bereit, und Sie wissen jetzt, warum mir das Packen verleidet war. Ihr habt aber nicht viel verloren, da es unmöglich ist, in dem monotonen Zeuge lang hintereinander zu lesen. Wenn ich wieder auf die Welt komme, will ich es besser machen, wie ich auch normalere Ohrläppchen mitbringen werde. Ein Bildhauer, der neulich meinen Kopf modellierte, kam der Sache auch auf die Spur und behandelte sie mit großer Aufmerksamkeit, mir mit der Nase immer um die Ohren herumschnaufend. Er ist der erste, der nach Ihnen davon sprach. Allein ich habe auch seit Jahren einen Mondschein hinten auf dem Schädel, den man mir so konsequent verschwiegen hat, daß erst vor einem halben Jahre die Schwester mich darauf brachte, indem sie sagte: »Deine Tonsur fängt nicht übel an, sich auszubreiten.« »Ich weiß ja gar nicht, daß überhaupt ein Anfang da ist!« rief ich. »Ha, schon lang!« Ich nahm zwei Spiegel und erblickte wirklich das Entsetzen.

Sie haben recht, daß Sie sich des Lebens freuen, bleiben Sie gesund mit Mann und Kindern und mir freundlich gesinnt. Wenn ich etwas weiß, schreib ich schon einmal wieder.

Ihr
G. K.

An Marie von Frisch

Verehrte Frau Professor und Gönnerin!

Ehe die erlaubte Frist zu sehr überschritten wird, muß ich mich nun doch daran machen, Ihnen für die weihnachtliche kosmopolitische Fraß- und Trinkbarkeitskiste meinen tiefgefühltesten Dank oder vielmehr tiefstgefühlten Dank abzustatten. Es ist alles so rührend und gut gedacht und verpackt, daß die getreuliche Mühe so gut schmeckt wie die Sachen selbst, und das hübsche Glas wie die grünen Tannenzweige lassen tröstlich hoffen, daß Ihr mir neben der Wein-, Käse- und Pumpernickelgesinnung auch noch etwas Höheres zutraut, etwas platonisch Transzendentales.

So schön und gut nun aber alles ist, muß ich Euch doch ernstlich ermahnen, aus Eurer Güte nicht eine beschwerliche Servitut erwachsen zu lassen. Auf diese Weise kommt das Übel in die Welt, und ich möchte doch nicht so einen alten Leviten oder Baalspfaffen abgeben, der das Volk mit Steuern, Zehenten und Brandopfern belastet, die er selber frißt!

In Ihrem letzten Briefchen vom vergangenen Sommer erwähnten Sie einer schweren Krankheit, welche Sie im Jahr 1883 erlitten. Ich habe in der Tat nichts davon gewußt. Adolf kam bei dem etwas tumultuarischen Anlaß seines Hierseins und den stets unterbrochenen Unterhaltungen nicht darauf zu sprechen. Um so fröhlicher wünsche ich Ihnen nachträglich Glück zur guten Genesung, als Sie und die lieben Ihrigen sich nun vortrefflich befinden!

Ihre drei Junkerleins reichen Ihnen gewiß schon über den Kopf und dem Herrn Professor an den Bart, und die Stiefel allein kosten wohl ein artiges Geld jährlich, was mich schadenfroh erheitert. Wie lange wirds gehen, so werden Sie ihnen die Militärmäntel im Hofe aufhängen, wie einst dem Bruder Serasin.

Regieren Sie nur immer froh und gesund mit Ihren leichten Händen, und tanzen Sie nicht zu heftig im beginnenden Fasching, sondern grüßen Ihr ganzes Haus, den Herren an der Spitze (und den Herrn Hofrat nicht zu vergessen, wenn er noch leben tut), recht herzlich von mir.

Ihr alter
Gottfr. K.

mit'm Rheumathisl am Rücken.

An Marie Melos

Zürich, den 19. Juli 1885.

Hochverehrte Freundin!

Im Trubel dieser vergangenen Woche (es war ein dreitägiges Bach- Händel- Fest hier)habe ich richtig versäumt, rechtzeitig an unsern alljährlichen Notenaustausch zu denken; als es mir gestern nachmittag endlich einfiel, war es zu spät, und ich hatte schon ein Telegramm geschrieben, um es heute früh abgehen lassen zu können, als Ihre und Ihrer guten Schwester freundliche Botschaft eintraf, Mrs. Kroeker nicht zu vergessen, so daß ich dreifach beschämt mich ans Lesen machen konnte.

Seien Sie höchlich bedankt und möge Ihnen Ihr lieber himmlischer Herr Vater es im neuen Jahre an nichts fehlen lassen, was zu Ihrem Heile dient, worunter ich indessen nicht etwa Zahnschmerzen oder andere körperliche oder moralische Heilsmaßregeln dieser Art mit verstanden haben möchte. Ich selbst bekomme leider kein Zahnweh mehr, dafür aber allerlei rheumatische Anzüglichkeiten und weiß aus Erfahrung, daß ich dadurch nicht mehr gebessert werde.

Das Telegramm ging heute dennoch erst um halb elf Uhr ab, da ich um zwölfeinhalb Uhr nachts noch in einer Gesellschaft gesessen und, weil der glorreiche 19. Julius einmal angebrochen war, gleich noch auf Ihr Wohl den bewußten Pokal getrunken hatte. Die Freunde glaubten, ich sei ein Verehrer irgendwelcher alter Götter, die längst heimgegangen. Ihren letztjährigen Champagnerstöpsel habe ich seinerzeit richtig erhalten und mit Rührung von allen Seiten betrachtet.

Meine liebe Schwester, der es nicht gut geht, war mit mir über Euere schönen Gaben erfreut und überrascht. Sie dankt sehr und wird das weiße Gestricke beim nächsten kühlen Luftzuge umtun, wenn sie ihre langsamen Spaziergänge auf der benachbarten Promenade macht.

Auf welche Dame Ihre Anspielung geht, wird mir deutlich durch den Namen Maria, den Sie ihr zu geben scheinen und der von einer Fräulein Knopf in Frankfurt a. M. geführt wird. Diese ist allerdings eine wohlwollende Gönnerin meiner Wenigkeit und originelle Korrespondentin; denn sie bringt in ihren Briefen nie mehr als zehn Zeilen zustande, wie sie behauptet, aus Dummheit; es ist aber reine Klugheit, lieber lesen als schreiben zu wollen. Letztes Jahr war eine Frau aus München oder Stuttgart hier, die mit großem Spektakel bei mir einrückte und verkündete, sie habe ein Vierteljahr krank im Bette gelegen und endlich sich an meinem vierbändigen ›Grünen Heinrich‹ gesund gelesen! Worauf sie behende weiter kugelte. Ich stand da, und war versucht, mich einen Augenblick neben Christum zu stellen, der mit einem Sälbchen von Kot den Blinden geheilt hat. Die Sache schien mir aber nicht geheuer zu sein mit meiner Wundertätigkeit, und ich ließ sie auf sich beruhen, ohne mich beim Heiligen Vater um die Seligsprechung zu bewerben. So viel von der Damenverehrung, deren ich, selten genug, teilhaftig werde.

Nun aber gehen Sie gesund und munter in Ihre Sommerfrischen hinaus und stärken sich gründlich für das Jahr 85/86.

Ihr getreulich ergebener
G. Keller.

An I. Schweizer-Labhart

Der Adressat hatte den Dichter um ein Urteil über die Gedichte seines Sohnes gebeten.

Zürich, den 4. November 1885.

Hochgeehrter Herr!

Ich kann Ihnen mit wenig Worten meine Ansicht von der Angelegenheit Ihres Sohnes nicht tiefer begründen, was auch nicht notwendig ist; so gut möglich, will ich Ihnen wiederholen, was ich ihm heute, als er seine Gedichtbände abholte, gesagt habe.

Die Gedichte verraten ein entschiedenes Talent, sich in poetischen Formen zu bewegen, und die in großer Zahl in so kurzer Zeit hervorgebrachten Gedichte beurkunden einen warmen Trieb, eine gewisse Leidenschaftlichkeit, es zu tun.

Das Alter jedoch, in welchem der Jüngling steht, läßt über seine Zukunft nur so viel sagen, daß er sich für eine wissenschaftliche oder literarische Laufbahn eignen wird; der Inhalt der Gedichte aber ist noch so beschränkt und dürftig, wie es bei dem Mangel an Erfahrung und Anschauung nicht anders sein kann, daß sich Bestimmteres gar nicht sagen läßt. Es ist möglich, daß er selbst in wenigen Jahren über seine poetischen Versuche hinwegsieht.

In allen Fällen aber kann er in seiner Lage nichts Besseres tun, als seine Gymnasialbildung gründlich vollenden, und wenn er ein Dichter werden, das heißt als ein solcher seine Lebenshoffnung erfüllen will, so hat er es doppelt notwendig.

Wenn er jetzt aus der Schule wegläuft, so verhindert er sich selbst, später, wenn seine Einsicht sich geändert hat, das Examen zur Aufnahme in eine Hochschule zu bestehen. Und wenn er zugleich auch in kein Bureau oder Werkstatt eintritt, so lernt er überhaupt nicht geregelt arbeiten, und daraus entstehen nicht Dichter, sondern literarische unglückliche Bummler. Nur etwa dann und wann ein Genie überwindet das. Und über das Vorhandensein von wirklichem Genie auf fraglichem Gebiet wage ich keinen Ausspruch zu tun. Aber wäre es vorhanden, auch dann heißt es vor allem auslernen und wieder lernen, und zwar nicht nur Verse machen, sondern alles, was die Welt zu lernen heischt und gibt.

Es ist hiebei nicht genug zu wiederholen, daß es in dem Alter von achtzehn Jahren mit dem Ausüben der Dichtkunst keine Eile hat und daß alle wirklichen Dichter zu vertilgen pflegen, was sie in diesem Alter gemacht haben, - daß anderseits dies das Alter ist, wo am meisten Unwiederbringliches versäumt oder verdorben wird.

Bei alledem muß ich darauf hinweisen, daß ich im übrigen die psychischen respektive moralischen inneren Eigenschaften Ihres Sohnes, welche diese oder jene Ausnahme begründen mögen, nicht kenne.

Ihr ergebenster
G.Keller.

An Maria Knopf

Zürich, den 30. Dezember 1885.

Verehrtes Fräulein Marie K.!

Ihre Weihnachtsgüte hat diesmal ein Stückchen Romantik veranlaßt. Ein guter Freund in Frankfurt, den ich letzten Sommer durch Paul Heyse kennen gelernt, ist von Ihrer Gebelaune ergriffen worden und hat mir am Weihnachtsabend ein Kistchen zukommen lassen, das durch einen am Vormittag eingetroffenen Brief angezeigt war. Der gleiche Postbote brachte abends die Kiste mit Ihrem Orangenbäumchen, das ich natürlich ebenfalls dem Herrn zuschrieb. Als ich am Weihnachtstage früh auspackte, wurde ich durch das schöne Bäumchen, das bis auf das letzte Blatt wohl erhalten ist, und seine siebzehn Goldfrüchte so begeistert, daß ich dem Absender die schönsten Komplimente über seinen feinen Geschmack schrieb und darüber vielleicht die schönen Dinge, die er selbst mir geschickt, vernachlässigte, so daß es ohne Zweifel eine Verwirrung absetzte, während das schalkhafte Bäumlein zierlich auf unserm Büfett steht. Einen Tag später kam dann die Schachtel mit Ihrem Brief und Gebäck an meine liebe Schwester und setzte wiederum mich in Verwirrung. Wir danken Ihnen schönstens für alles; die Schwester schreibt außer Waschzetteln und dergleichen nichts mehr, da es ihr nicht mehr recht aus der Feder will, sonst würde sie Ihnen selbst geziemend ihre Gefühle mitteilen, und so muß ich gewohnterweise auch hier wieder den Schreibknecht machen, was ich gern und von Herzen tue. Die Lebensregeln für das Bäumchen wollen wir so gut als möglich befolgen und hoffen, es so alt werden zu lassen, als wir selbst noch ausdauern, besonders, da es nur Wasser und keinen Wein trinkt. Wir wünschen nun Ihnen, dem Herrn Papa und Fräulein B. einen fröhlichen Jahreswechsel und Glück und Heil zum kommenden Jahr. Für den Fall, daß Sie die ›Deutsche Rundschau‹ noch nicht zu Hause haben, schicke ich Ihnen einen Separatabdruck des Anfangs meines Romans, der mir aber mager vorkommt. Es sollte besser kommen, wenn möglich.

Ihr dankbar ergebener
G. Keller.

An Ida Freiligrath

Hochverehrte Frau und Gönnerin!

Vor Jahr und Tag hab ich in schmählicher Weise Ihren freundlichen Brief unbeantwortet gelassen, obgleich er bis neulich auf dem Tische bei andern Leidensgefährten lag. Ich danke Ihnen für die nichtsdestoweniger am 19. Juli dieses Jahres eingetroffene Freundlichkeit Ihres guten Herzens nun doppelt heftig und erwidere alle Ihre wohltuenden Wünsche mit dem Ausdrucke meiner Hoffnung, daß Sie Ihren Kindern und Enkeln noch lange mögen so frisch und beweglich, die alte See befahrend, erhalten bleiben! Amen!

Meine Schwester läßt Sie vielmals grüßen. Sie ist immer gleich schwächlich und doch immer auf den langsamen Beinen. Ich selbst kann ihr freilich auch keine Tänze vormachen, da ich durch den langen Winter wieder steif geworden bin. Ich bin eben im Begriff, nach Ragaz ins Bad zu gehen, und lese nun, daß zwei Maharadjas mit je fünfzig Personen Gefolge dort angekommen sind und sonst eine unendliche Krapüle versammelt ist, namentlich auch aus Frankfurt und Berlin. Da ist mir nun der Spaß versalzen und heißt es warten oder anderswo hingehen, wo es vielleicht nicht besser ist. Am Ende versuche ich wieder einmal die alte Methode und lasse das Übel sich langweilen durch Nichtbeachtung, Frühaufstehen und dergleichen Schnurrpfeifereien, bis es von selbst abzieht. Jedenfalls kann es nicht ausgehen mit mir, wie das Hornberger Schießen, da ich noch Vorrat habe aus besseren Jahren, der aufgearbeitet werden sollte.

Meinen sogenannten Roman ???[5] habe ich Ihrer Fräulein Schwester geschickt. Es ist freilich mehr ein trockenes Predigtbuch als ein Roman und zudem leider nicht fertig. In meinem Lande ist es wohl verstanden und unter großem Gebrumme gelesen worden. Draußen aber haben nur wenige gemerkt, was es sein soll und daß es sie auch etwas angeht. So geht es, wenn man tendenziös und lehrhaft sein will. Ich bin froh, mich wieder an die ›zwecklose Kunst‹ halten zu können, wenn es eine gibt.

---

[5] Mattin Salander.

Noch habe ich ein Anliegen, welches an obigen Begriff erinnert. Als Sie mit dem bewußten Verewigten im Jahr 1846 von Zürich nach England reisten, schenkte mir Ferdinand unter anderem eine hübsche Radierung, Klemens Brentano darstellend, und ein von dem berühmten Kupferstecher Keller gestochenes Bild von Immermann. Beide hatten in seinem Studierzimmer gehangen und sind an sich beide von innerem Wert und jetzt seltene Blätter geworden oder gar nicht mehr zu bekommen. Da dünkte es mich nun artig, wenn sie, da ich nur noch beschränkte Zeit zu leben habe, wieder den Rhein hinunterzögen, wo sie herkamen, und wo sie geschätzt würden. Ich werde sie gelegentlich hinter den alten Gläsern hervornehmen und ein Poströllchen daraus machen. Mit tausend Grüßen

Ihr ergebener
G. Keller.
Zürich, den 9. August 1887.

An Marie von Frisch

Zürich, 7. Juni 1889.

Verehrte brave Frau Professorin!

Sie haben mich wieder sehr erfreut mit Ihrem Brief vom 3. März, für den ich schönstens danke. Ihre vier Haimonskinder stehen derweil mit andern Freundessachen auf meinem Schreibtisch und sehen zu. Ich wünsche zu allem, was Sie von dem rüstigen Leben der Ihrigen melden, Glück und Fortsetzung!

Daß ich meinem Siebzigertag aus dem Wege gehen will, haben Sie richtig vermutet. Ich gedenke, nachdem ich den Juni in Baden an der Limmat zugebracht haben werde, an einen Kurort am Vierwaldstätter See zu gehen und Luft nebst Wasserkünsten weiter zu genießen und mich dort still zu halten. Ich leide schon an dem Schwindel, indem es Lumpe gibt, die solche Unglückskandidaten schon Monate vorher um Material brandschatzen wollen. Ihr Wolfgangsee wäre ein schöner Schlupfwinkel, aber ich kann nicht so weit reisen, ehe ich von dem permanenten Hexenschuß im Kreuz hergestellt bin, wenn das überhaupt nochgeschieht. Die letzten zwei Jahre konnte ich nichts dagegen tun, weil ich die stets leidende Schwester nicht ganz allein in fremden Händen lassen konnte. Sie starb auf schreckliche Weise an einem Herzklappenfehler. Die letzten acht Tage konnte sie weder liegen noch sitzen noch irgend anlehnen und fand keine Luft mehr. Ich mußte auch lange Nächte aufpassen und in der letzten die ganze Nacht mit der Wärterin dabei stehen und mit den Händen bereit sein, wenn sie in einer Art Verlies, das wir gebaut, mit dem Kopf nach vorn oder seitwärts fallen wollte. Das kam mir kurios vor. Und doch mußte ich später lachen, als sie zur Ruhe war und die Weiber erzählten, wie sie eines Nachts, als die Wärterin, die sie an einer langen Schnur am Beine zu ziehen pflegte, wenn sie etwas bedurfte, im Nebenzimmer eingeschlafen war, mit dem Stock in der Hand sich hinschleppte, sah, daß sie schlief und das Licht ausblies, das sie natürlich bereit hielt. Ein wahrer Holbein! Und sehr liebenswürdig! Ich habe über die Zeit immer mit Heulen zu kämpfen gehabt. Ein Fläschchen Tokayer, das sich bei den schönen Weinflaschen fand, die Ihr mir vor einem Jahre oder so geschenkt, lieferte ihr die letzten Erquickungstropfen aus einem winzigen Gläschen. Von meinem jetzigen Leben will ich jetzt nichts sagen, ich glaub, ich bin reingefallen durch wohltätige Frauen, die alte Mägde gut versorgen wollen.

Sie haben mir, ehe der ›Martin Salander‹ noch fertig war, ein sehr schmeichelhaftes Briefchen geschrieben. Das Bücherbällchen, welches die Freiexemplare der Buchausgabe enthielt, habe ich, nachdem es seit Weihnacht 1886 in einem Winkel gelegen, erst dies Jahr aufgemacht. Sie und Adolf haben die Eurigen auch noch zu beziehen.

Ich weiß nicht, ob Sie schon hinter dem Schafberg sind; jedenfalls wird der Herr Gemahl, den ich schönstens und ehrerbietig grüße, noch in der Josefstädterstraße weilen. Ich hoffe dies Jahr wieder mobiler zu werden im Briefschreiben. 10000 Grüße

Gottfr. Keller.

Über tredition

Eigenes Buch veröffentlichen

tredition wurde 2006 in Hamburg gegründet und hat seither mehrere tausend Buchtitel veröffentlicht. Autoren veröffentlichen in wenigen leichten Schritten gedruckte Bücher, e-Books und audio-Books. tredition hat das Ziel, die beste und fairste Veröffentlichungsmöglichkeit für Autoren zu bieten.

tredition wurde mit der Erkenntnis gegründet, dass nur etwa jedes 200. bei Verlagen eingereichte Manuskript veröffentlicht wird. Dabei hat jedes Buch seinen Markt, also seine Leser. tredition sorgt dafür, dass für jedes Buch die Leserschaft auch erreicht wird.

Im einzigartigen Literatur-Netzwerk von tredition bieten zahlreiche Literatur-Partner (das sind Lektoren, Übersetzer, Hörbuchsprecher und Illustratoren) ihre Dienstleistung an, um Manuskripte zu verbessern oder die Vielfalt zu erhöhen. Autoren vereinbaren direkt mit den Literatur-Partnern die Konditionen ihrer Zusammenarbeit und partizipieren gemeinsam am Erfolg des Buches.

Das gesamte Verlagsprogramm von tredition ist bei allen stationären Buchhandlungen und Online-Buchhändlern wie z. B. Amazon erhältlich. e-Books stehen bei den führenden Online-Portalen (z. B. iBookstore von Apple oder Kindle von Amazon) zum Verkauf.

Einfach leicht ein Buch veröffentlichen: **www.tredition.de**

Eigene Buchreihe oder eigenen Verlag gründen

Seit 2009 bietet tredition sein Verlagskonzept auch als sogenanntes "White-Label" an. Das bedeutet, dass andere Unternehmen, Institutionen und Personen risikofrei und unkompliziert selbst zum Herausgeber von Büchern und Buchreihen unter eigener Marke werden können. tredition übernimmt dabei das komplette Herstellungs- und Distributionsrisiko.

Zahlreiche Zeitschriften-, Zeitungs- und Buchverlage, Universitäten, Forschungseinrichtungen u.v.m. nutzen diese Dienstleistung von tredition, um unter eigener Marke ohne Risiko Bücher zu verlegen.

Alle Informationen im Internet: **www.tredition.de/fuer-verlage**

tredition wurde mit mehreren Innovationspreisen ausgezeichnet, u. a. mit dem Webfuture Award und dem Innovationspreis der Buch Digitale.

tredition ist Mitglied im Börsenverein des Deutschen Buchhandels.

Dieses Werk elektronisch lesen

Dieses Werk ist Teil der Gutenberg-DE Edition DVD. Diese enthält das komplette Archiv des Projekt Gutenberg-DE. Die DVD ist im Internet erhältlich auf **http://gutenbergshop.abc.de**

Zeitfracht Medien GmbH
Ferdinand-Jühlke-Straße 7
99095 Erfurt, Deutschland
produktsicherheit@kolibri360.de